RÜGENER RADELTOUREN

BERNDT BORRMANN

grünes herz

Vorwort

Rügen, ach du mein schönes Eiland, per Pedale bist du noch schöner.

Ich möchte allen Gästen und Bewohnern der größten Insel Deutschlands mit diesem Büchlein einige Vorschläge bzw. Hinweise unterbreiten, wie man mit dem Radel die schönsten Ecken erkunden kann. Meist fern vom starken Verkehr der Hauptstraßen führe ich Sie möglichst in Wassernähe an viele Sehenswürdigkeiten. Die Touren haben unterschiedliches Profil und bieten für alle Ansprüche etwas. Angesprochen werden Menschen, die aktive Erholung suchen und sich bewusst mit der Umgebung ihrer Tour beschäftigen. Das Fahrrad ermöglicht Ihnen mehr und intensiveres Vertrautmachen mit dem Gesehenen.

Die Kreidefelsen, die Sandstrände, die Wälder oder die weiten ebenen Felder und Wiesen, die Boddengewässer oder küstennahen Bereiche der Ostsee, Baudenkmäler oder Zeugen längst vergangener Zeiten, alles wird auf den Touren berührt. Die Beschreibungen der Strecken werden durch heimatkundliche Erläuterungen ergänzt.

Sollten Sie eine andere Situation des beschriebenen Fahrweges vorfinden, bedenken Sie bitte, dass der Landkreis Rügen bemüht ist, das Radwegenetz weiter auszubauen, um vor allem die Radler von den stark befahrenen Straßen fernzuhalten.

Sollten Sie zu den einzelnen Gebieten der Insel Rügen konkretere Informationen benötigen, wenden Sie sich bitte vertrauensvoll an die touristischen Einrichtungen.

Ich möchte an dieser Stelle allen danken, die mich bei meiner Arbeit unterstützt haben, besonders danke ich meiner Frau und meinem Sohn, die mich beim Recherchieren auf den Strecken begleitet haben.

Berndt Borrmann

Inhalt

1. Auf den Spuren der Rügenschen Kleinbahn

Altefähr – Grahler Fähre – Nesebanz – Gustow – Sissow – Poseritz – Neparmitz – Puddemin – Groß Schoritz – Schabernack – Wendorf – Garz – Neu Güstelitz – Putbus (entlang auf dem Damm der ehemaligen Kleinbahnlinie Altefähr – Putbus)

Streckenlänge:	39 km
Wege:	alles wasserbindende, feste Oberfläche, ausgebaute Radwege, Asphaltstraßen
Profil:	leichte Anstiege und Abfahrten, leichte Strecke
Bemerkungen:	mehrere Möglichkeiten von der Tour abzuweichen bzw. andere Wege zu wählen

Der Rügendamm, die starre Verbindung der Insel Rügen mit dem Festland, liegt hinter uns und wir erreichen den Ort Altefähr. Rechts zweigt die „Alte Bäderstraße“ in Richtung Garz/Putbus ab. Durch den Viadukt beginnt gleich rechts der ausgeschilderte Radweg. Er führt uns zum Ufer des Strelasund, an dem wir bis Grahler Fähre radeln und hier Richtung Straße nach links abbiegen. Auf dem Asphaltweg kommen wir zur Bäderstraße zurück, die wir überqueren. Hier beginnt unsere Fahrt auf dem Damm der ehemaligen **Kleinbahnstrecke** Altefähr–Putbus.

Leicht hügelig verläuft die Strecke nach Nesebanz. Links und rechts haben wir freien Blick auf die südliche rügensche Landschaft. Durch den kleinen Ort Nesebanz kommen wir zum Ortseingang von Gustow, an dem wir vorsichtig die „Alte Bäderstraße“ überqueren und weiter nach Sissow fahren. Die **Kirche von Gustow** liegt links auf einer kleinen Anhöhe.

Die Strecke führt uns durch Felder und Wiesen bis nach Poseritz. Wir treffen am Ortsausgang erneut auf die Hauptstraße, die wir wieder überqueren. Auch hier ist es die Kirche, die als Bauwerk den Ort überragt. Unser Radweg führt parallel zur Straße bis zum Abzweig Garz. Über die Hauptstraße hinweg, geht es weiter in Richtung Neparmitz. Kurz vor dem Ort wechselt der Weg die Straßenseite, führt um diesen herum, vorbei am Hafen von Puddemin bis zum Ortsausgang. Nach wiederholtem Wechsel der Straßenseite radeln wir bis zur Kreuzung mit der Hauptstraße Garz – Zudar. An dieser Stelle verlassen wir für einige Kilometer den ehemaligen Verlauf der Kleinbahnstrecke. Die Hauptstraße überquert (Vorsichtig! Starker Verkehr!) geht es hinein nach **Groß Schoritz**.

GROSS SCHORITZ

In Groß Schoritz wurde am 26. 12. 1769 Ernst Moritz Arndt geboren. Als Sohn eines Pächters, durchwanderte er in jungen Jahren Europa. 1791 nahm er ein Studium der Theologie in Greifswald auf, setzte es 1793/94 in Jena fort. Nach seinem Examen 1796 wurde Arndt Hauslehrer bei G. L. Kosegarten, dem Pfarrer der Kirche von Altenkirchen. Ab 1800 arbeitete er als Dozent, später als außerordentlicher Professor für Geschichte an der Uni Greifswald. 1803 erschien seine Schrift „Versuch einer Geschichte der Leibeigenschaft in Pommern und Rügen“. 1806 floh er vor Napoleon nach Schweden, von wo er 1812 dem Freiherr von Stein nach Russland folgte. Arndt wurde durch seine Dichtungen und Schriften zu einer Volksgestalt der Freiheitskriege.
(„Lieder der Teutschen“ und „Der Rhein, Teutschlands Strom, aber nicht Teutschlands Grenze“ [1813])
1818 siedelte Arndt nach Bonn und arbeitete als Professor für neue Geschichte an der Uni in Bonn. Zeitweilig 1820 bis 1840 wurde er als „Demagoge“ von Dienst suspendiert. 1848 wurde er in die Nationalversammlung gewählt.
Arndt sammelte als erster pommersche Sagen und Märchen. Kurz nach seinem 90. Geburtstag verstarb er am 29. 1. 1860 in Bonn. Sein Geburtshaus in Groß Schoritz ist heute als Museum gestaltet. Ein Museum über sein Leben und Wirken gibt es in Garz.

Die Dorfstraße entlang, vorbei am Geburtshaus vom großen Inselsohn E.M. Arndt, folgen wir der Betonstraße Richtung Silmenitz. Am Abzweig Schabernack geht es nach links und durch den Ort hindurch. Der Wegbelag wechselt hier zwischen Beton, Asphalt und Pflaster. Dem Wegweiser nach Wendorf folgend, kommen wir nach Dumsevitz, wo die Strecke nach links auf eine breite, wenig befahrene Asphaltstraße abbiegt. In einer rechts beginnenden Doppelkurve verlassen wir die Straße auf einen Feldweg. Nach etwa 1000 Metern zweigt links der beschilderte Radweg nach Wendorf ab. Den Ort selbst berühren wir an seiner südlichen Seite, um wieder die Hauptstraße zu überqueren. Der Garzer See begrüßt uns und wir radeln an seinem Ufer entlang nach **Garz** hinein.

GARZ

Das Ackerbürgerstädtchen liegt im südlichen Flachland der Insel Rügen am Fuß eines alten wendischen Burgwalls, der Burg Charenza. 1165 fand am Garzer See die Schlacht zwischen Dänen und Wenden statt. König Woldemar I. von Dänemark und Bischof Absalom von Roskilde zerstörten 1168 den Götzentempel auf dem Burgwall. Die Sieger erbauten eine Kapelle St. Marien auf dem Wall. 1199 zerstörten die pommerschen Herzöge Bogislaw II. und Kasimir II. den Burgwall von Garz. 1207 war das „castrum Garchen" Sitz der regierenden Fürsten von Rügen. Wichtige Urkunden wurden hier ausgestellt, so 1234 das Stadtrecht für Stralsund. Am Fuße des Kirchberges entwickelte sich Wendorf, eine wendische Siedlung. Sie wurde erst 1900 in die Stadt eingemeindet. Nordöstlich der Burg entstand seit etwa 1240 eine von deutschen Kolonisten angelegte Siedlung, der 1316 Fürst Witzlaw III. das Stadtrecht verlieh. Somit ist Garz die älteste Stadt der Insel Rügen. Die St. Petrikirche wurde als Backsteinbau Mitte des 14. Jahrhundert gebaut und 1396 geweiht. Die Bürgerhäuser sind erst nach dem Brand von 1795 gebaut worden. Das Fachwerkpfarrhaus entstand 1750. Die Universität Greifswald gründete 1930 in Garz das erste Diabetikerheim Deutschlands.

Das Ernst-Moritz-Arndt-Museum stellt das Leben und Wirken des großen Sohnes der Insel vor.

Hier treffen wir wieder den ehemaligen Streckenverlauf der Kleinbahn. Rechts geht es auf der Hauptstraße in die älteste Stadt Rügens hinein. Diesem Flecken Erde sollten wir einige Zeit widmen.

Rasender Roland

(Wir können nach dem Besuch der Stadt zum Radweg zurückkehren oder orientieren uns in Richtung Ortsausgang nach Karnitz/Sehlen.)

Kurz vor dem Ortsausgang in Richtung Karnitz/Sehlen zweigt rechts unser Radweg nach Putbus ab. Den Kanonenweg lassen wir rechts liegen, radeln am Waldrand entlang, um wenig später in den Wald hinein zu fahren. Rastplätze laden zum Ausruhen ein. Parallel oder kreuzend treffen wir hier oft auf kleine Fließgewässer, die auf Rügen nicht häufig vorkommen. Wir genießen die Ruhe und die herrliche Luft. Wenn der Wald kurz aufreißt, kommen wir an die stillgelegte Ziegelei von Ketelshagen, die wir links liegen lassen. Unser Radweg führt uns weiter durch den Wald bis nach Güstelitz, hier parallel der Straße durch den Ort und weiter im Wald bis **Putbus**, unserem Ziel. An der rechten Seite des Weges erscheint eine Gartenanlage, an der folgenden Wegkreuzung biegen wir rechts ab. Die Weiterfahrt geradeaus ist aber auch möglich. Da stoßen wir nach 600 Metern auf die Hauptstraße nach Bergen, die rechts auch nach Putbus hinein führt.

Rechts abgebogen kommen wir auf direktem Weg zum Markt von Putbus. Links das Inseltheater, geradeaus der Park mit Tiergehege. Links der Straße folgend kommen wir leicht bergauf vorbei an der rechts liegenden Orangerie zum Circus. Das Zentrum der Stadt der rügenschen Fürsten ist erreicht.

Die Rückfahrt ermöglichen uns Linienbusse, die Fahrräder transportieren oder die Eisenbahn über Bergen nach Altefähr.

Mönchgutmuseum

2. Quer über Mönchgut

Thiessow – Lobbe – Middelhagen – Mariendorf – Alt Reddevitz – Baaber Bollwerk – (Fähre) – Moritzdorf – Seedorf – Preetz – Fünffingerweg – Lancken Granitz – Nationalparkamt Rügen – Sellin – Baabe – Göhren – Lobbe – Thiessow

Streckenlänge:	35 km
Wege:	ausgebaute Radwege, Spurplatten, Waldwege, Personen- und Fahrradfähre
Profil:	teilweise bergig, überwiegend eben
Bemerkungen:	es gibt mehrere Möglichkeiten, die Tour zu kürzen bzw. andere Wege zu fahren

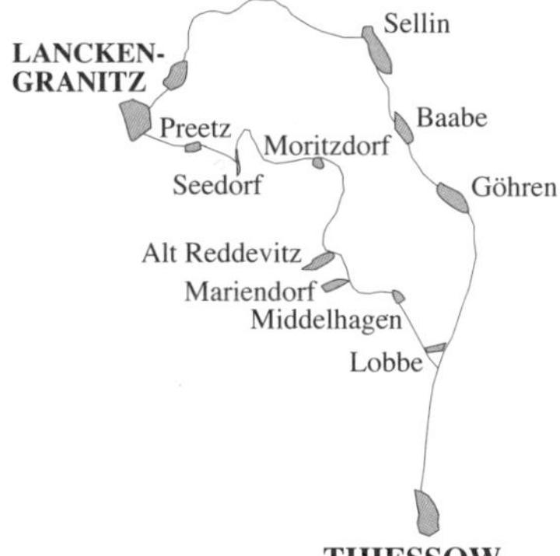

In Ostseebad **Thiessow** starten wir am zentralen Parkplatz und radeln in Richtung Norden bis zum Abzweig Strandstraße. Hier biegen wir in diese rechts ein (Hinweisschild Radfahrer abbiegen) und fahren bis zum Waldrand. Das Hinweisschild in Richtung Lobbe (Kennzeichnung gelber Balken) zeigt uns die Richtung des Radweges. Jetzt geht es durch den Küstenwald, parallel zur Straße (links) und zum Strand (rechts). Die feste Oberfläche des Weges macht uns die Fahrt zum Vergnügen. Der Duft des Nadelwaldes gemischt mit der Seeluft tut unseren Lungen gut. Mehrere Querverbindungen zum Radweg ermöglichen einen Abstecher zum Strand bzw. zur Straße. Teilweise wird auch der Blick nach links zum Zickersee frei.

THIESSOW

Das alte Fischer- und Lotsendorf liegt am südlichsten Ende der Halbinsel Mönchgut. Das Zisterzienserkloster Eldena bei Greifswald kaufte 1360 Tyzow mit der Insel Zicker von der Familie Bonow. 1632 wurde Thiessow die Lotsenpflicht für Schiffe, die in den Greifswalder Bodden fahren wollten, übertragen. Eine Lotsenstation bestand 1830 bis 1943. 1962 wurde sie neu eingerichtet, heute ist sie nicht mehr erforderlich. Seit dem 19. Jahrhundert entwickelt sich Thiessow zum Fremdenverkehrsort und ist heute Ostseebad mit einem Ost- und Weststrand.

Wenn wir den Wald verlassen, liegt der Ort Lobbe vor uns. Parallel zur Straße und zum Campingplatz radeln wir über Gehwegplatten etwa 200 Meter bis kurz nach dem Ortsschild. Hier überqueren wir die stark befahrene Straße vorsichtig. Der auf dem Damm westlich von Lobbe ausgebaute Kreisradwanderweg ist asphaltiert. Die Räder rollen leicht und wir genießen den Blick nach links über die Hagensche Wiek und die Zickerschen Berge.
Rechts ist im Hintergrund am Plansberg das Ostseebad Göhren zu sehen. Mehrere angelegte Abgänge vom Radweg ermöglichen, diesen zu verlassen. Wenn Radweg und Straße wieder parallel verlaufen, sehen wir rechts über der Straße ein technisches Denkmal, das **Windschöpfrad Lobbe**.

WINDSCHÖPFRAD LOBBE

Es handelt sich hier um einen sogenannten Langsamläufer, der 1920 erbaut wurde und bis 1955 in Betrieb war. Die Höhe bis zur Windrosenachse beträgt 14 Meter, deren Durchmesser 9,90 Meter. Diese Schöpfwerke sind Pumpwerke zur Entwässerung von vorwiegend landwirtschaftlich genutzten Gebieten, bei völlig oder teilweise fehlender Vorflut. Von den 33 Schöpfwerken, die zwischen 1900 und 1965 auf der Insel Rügen betrieben wurden, ist das Lobber Schöpfwerk das einzig erhalten gebliebene.

In Fortsetzung des Weges erreichen wir Middelhagen. Hier nutzen wir aber den Besuch des Schulmuseums zu einer kurzen Unterbrechung unserer Tour. Anschließend geht es weiter in Richtung Mariendorf. Im Ort angekommen, biegen wir in Höhe des Schafberges (er liegt links hinter den Häusern) rechts ab und radeln bis zum Campingplatz Alt Reddevitz. An der folgenden Weggabelung halten wir uns links, dem Wegweiser nach Baabe folgend. Kurz vor dem Camp biegen wir wieder rechts ab und fahren eine kleine Anhöhe hinauf. Jetzt wird der Weg teilweise sandig, hat aber überwiegend feste Oberfläche. Eine kurze steile Abfahrt (rechts erhebt sich der Fliegerberg) und wir sind am Ufer der Having, an der wir bis zum Baaber Bollwerk fahren.
Die kleine Hafenatmosphäre des Bollwerkes begrüßt uns. Der Fährmann mit seinem Boot für Personen und Fahrräder bringt uns über das feuchte Element nach Moritzdorf. Den Ort zu verlassen, ohne die Moritzburg zu besuchen, ist nicht denkbar. Das beliebte Ausflugsziel thront hoch über dem Dorf und ermöglicht einen herrlichen Blick über den Having bis zur Reddevitzer Höft. Wir erreichen es am besten über die Treppe, die links im Ort nach oben führt. Unsere Räder können wir solange am Ortsrand abstellen. Abschließen nicht vergessen!
Nach dem Besuch der Moritzburg radeln wir durch Moritzdorf hindurch und nehmen den steilen Anstieg gleich links nach dem Ortausgangsschild in Angriff. Es geht hoch bis auf 44 Meter. Schieben der Räder ist angesagt. Der

Weg ist uneben und durch Regen teilweise ausgewaschen. Oben angekommen, folgt die nicht ganz so steile Abfahrt nach Seedorf ebenfalls auf einem Feldweg. Wir folgen dem Kennzeichen grüner Balken. In Seedorf angekommen halten wir uns links in den Ort hinein. Unzählige Boote haben hier ihren Hafen. Wir radeln über die Brücke, die über die Lanckener Bek führt. Der folgende Ort ist Preetz. Nach der Ortsdurchfahrt kommen wir unmittelbar zum Fünffingerweg, einer Kreuzung von fünf Wegen. Hier finden wir eine Schutzhütte und eine große Orientierungstafel.
Dem grünen Balken folgend, biegen wir rechts nach Lancken-Granitz ab uund kommen nach etwa 500 Metern zu den bekannten **Großsteingräbern**.

GROSSTEINGRÄBER

Diese Hünengräber sind Zeugen einer alten Kulturgeschichte und geben wichtige Hinweise über die Vor- und Frühgeschichte der Inselbewohner, über ihre Sitten und Bräuche. In 27 Orten der Insel Rügen sind 54 vor 4000 Jahren angelegte Gräber und etwa 500 Hügelgräber aus der Bronzezeit noch erhalten. Die Großsteingräber auf Rügen sind Dolmen, d.h. aus rohen Steinblöcken errichtete bis zu fünf Meter lange Kammern (2 Meter breit und 1,30 Meter hoch). Die mächtigen Findlinge stehen sich bis zu vier Paaren gegenüber. Ein Stein bildet die Rückwand und mehrere Findlinge sind als Decke verwendet. Einzelne „Wächtersteine" sind am Ende des Grabes errichtet. Die Grabanlage bei Lauterbach (Dolmen), Nobbin und das Mönchguter Herzogsgrab sind die eindrucksvollsten Gräber auf Rügen. Die Hügelgräber der Bronzezeit sind rund 1500 Jahre jünger und wurden hügelförmig angelegt.

Wenn wir uns diese Zeugen der menschlichen Geschichte angesehen haben, fahren wir weiter durch Lancken-Granitz, bis zur Kreuzung an der B 196. Diese stark befahrene Straße überqueren wir vorsichtig und radeln gegenüber auf der Pflasterstraße in Richtung Jagdschloss Granitz. Eine herrliche Kastanienallee begleitet uns bis zum Gleisübergang der Kleinbahn. Am Nationalparkamt Rügen, welches links am Weg folgt, biegen wir rechts in den Waldweg ein.

Alternative: Aufstieg zum Jagdschloss Granitz, etwa 500 Meter, nach Besuch wieder Abfahrt bis zum Abzweig

Der mit rotem Balken gekennzeichnete Waldweg gabelt sich nach etwa 700 Metern, wir biegen rechts ein und fahren bergab. Vorsicht: der Weg ist durch Regen stellenweise stark ausgewaschen. Markante Vegetationszeichen sind hier Ginsterbüsche, die bis Sellin immer wieder vorkommen. In der Talsohle angekommen, gesellt sich von rechts die Strecke der Kleinbahn zu uns, der wir parallel folgen. Sollten wir das Glück haben und der **Rasende Roland** dampft gerade durch die Granitz, genießen wir den Anblick. Der teilweise sandige Weg fährt sich gut.

An der folgenden Weggabelung, unser Weg ist mit einer Holzschranke versehen, finden wir wieder eine Schutzhütte. Wir halten uns rechts dem Kennzeichen roter und grüner Balken folgend. An der nächsten Gabelung folgen wir dem Weg grüner Balken nach Sellin. Nach Verlassen des Waldgebietes liegt eine große freie Fläche vor uns, an deren Hintergrund die ersten Häuser des Ostseebades **Sellin** zu sehen sind.

SELLIN

Das Ostseebad liegt zwischen Ostsee und Selliner See, abgeschirmt durch den Mischwald der Granitz. 1295 gehörte das Dorf zum Besitz der Familie Putbus, die es 1470 dem Kloster Eldena bei Greifswald verkaufte. Um 1880 entstand aus dem kleinen Fischerdorf ein Badeort, der sich bald zu einem beliebten Familienbad entwickelte. Schon 1900 kamen jährlich zwischen 4000 und 5000 Gäste. 1896 wurde die Kleinbahn Putbus - Binz nach Sellin verlängert und 1899 nach Göhren weitergeführt. Die Bäderarchitektur herrscht auch hier vor. Nach 1945 versuchte man die Villen zu erhalten, oft vergeblich. Durch die „Aktion Rose“ wurden auch hier die letzten privaten Betreiber von Hotel und Pensionen enteignet, die Häuser wurden verstaatlicht und ihre Bausubstanz vernachlässigt. Heute erstrahlt auch Sellin im alter neuer Pracht und die Seebrücke, die Opfer des Eises wurde, ist durch eine neue ersetzt und lockt wieder Bäderschiffe an.

Am Ortseingang fahren wir in die Granitzer Straße, der wir bis zu ihrem Ende gerade durch Sellin folgen, um in der Rechtskurve in die folgende Ostbahnstraße einzubiegen. Diese Straße führt uns direkt zur B 196, an der parallel ein ausgebauter Radweg nach **Baabe** führt.

Alternative: In die Wilhelmstraße links einbiegen und bis zur Seebrücke fahren.

BAABE

Der Ort war ein kleines Fischerdorf, durch den der Mönchsgraben hindurch ging. Südlich des Grabens begann die Halbinsel Mönchgut. Der Graben ist noch heute zu sehen, er verläuft aus Richtung Sellin kommend rechts vor dem Bahnhof der Kleinbahn zum Selliner See. Seit 1898 ist Baabe an das Gleisnetz der Rügenschen Kleinbahn angeschlossen. Heute ist es Ostseebad und beliebter Erholungsort auf Rügen.

Im Ostseebad Baabe angekommen, überqueren wir die Gleise der Kleinbahn, biegen links in die Strandstraße ein, rollen noch einmal über die Gleise und biegen in Höhe der Kirche rechts ab. Der folgende Waldweg, gekennzeichnet mit rotem Balken, führt uns durch den Wald der Baaber Heide nach Göhren.

Alternative: Wir biegen nicht in die Strandstraße ein, sondern fahren, der B 196 folgend, parallel zur Straße auf dem ausgebauten Radweg nach Göhren.

Unser Radweg kreuzt am Rande von **Göhren** erst die Straße zum Bahnhof und Campingplatz und dann die B 196, die direkt zum Ort führt. Eine kleine Abfahrt bringt uns auf die neue Straße mit Radweg in Richtung Reha-Klinik. Der Straße folgend, kommen wir nach **Lobbe** zurück und biegen an der Hauptstraße links ab. Wir folgen den uns schon bekannten Radweg erst direkt neben der Straße und dann durch den Küstenwald zum Ausgangsort unserer Tour, nach **Thiessow**. Damit haben wir die Halbinsel **Mönchgut** erkundet.

MÖNCHGUT

Die südöstliche, elf Kilometer lange, bis über fünf Kilometer breite Halbinsel Rügens besteht aus mehreren pleistozänen Inselkernen: den größten zwischen Göhren und Alt Reddevitz, dem kleinen mit Groß Zicker und dem 66 Meter hohen Bakenberg, zwei ganz kleinen bei Lobbe und dem 38 Meter hohen Südperd bei Thiessow. Sie bildeten in der Nacheiszeit eine Inselgruppe, die heute durch Dünen und Wiesen zu einer etwa 30 Quadratkilometer großen Halbinsel verbunden sind. Gegen die Hauptinsel hin ist Mönchgut durch ein 40 bis 50 Meter hohes, etwa 4 Kilometer langes Binnenkliff abgegrenzt, das nach Osten über Göhren als Kliff zum Nordperd ins Meer reicht. Im steinernen Strand liegt der „Buskam“, Rügens größter Findling (600 m^3 = 1626 t / 5 % von ihm sind sichtbar).

Die Niederungen zwischen den Inselkernen dienten häufig als Sturmflutrinnen.

1252 kam Kloster Eldena in den Besitz des Landes Reddevitz, das man „Mönnicken Gaudt“ nannte. 1360 erwarb das Kloster auch das Land Zicker. Deutsche Bauern wurden auf die Insel geholt, anfänglich aus den Paderborner Gebiet. In dieser einsamen Gegend konnten sich Eigenarten in Sprache, Tracht und Gebräuchen bis ins 20. Jahrhundert erhalten. Mönchgut ist der einzige Inselteil Rügens, auf dem einheitliche Trachten der Bevölkerung bekannt sind. Die Geschichte der Halbinsel und seiner Menschen ist im Mönchguter Heimatmuseum in Göhren dokumentiert.

3. Zur Stadt der rügenschen Fürsten

Göhren – Baabe – Sellin – Binz – Jagdschloss Granitz – Lancken Granitz – Fünffingerweg – Groß Stresow – Muglitz – Lauterbach – Putbus

Streckenlänge:	22 km
Wege:	ausgebaute Wege, Spurplatten, unebene Wald- und Feldwege
Profil:	leichte Anstiege, einige Abfahrten, überwiegend eben
Bemerkungen:	Tourenänderungen an mehreren Punkten möglich

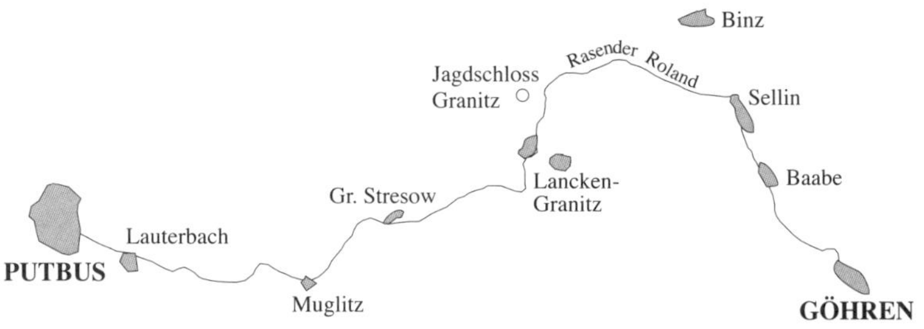

Das Ostseebad Göhren ist Ausgangspunkt unserer Tour zur Stadt der rügenschen Fürsten. Am Kurplatz beginnen wir unsere Fahrt. Wir folgen, am Bahnhof der Kleinbahn vorbei, der Strandstraße in Richtung Bergen.
Kurz vor dem Einbiegen auf die B 196 kreuzt der ausgeschilderte Radweg durch den Wald der Baaber Heide die Straße. Wir biegen rechts nach **Baabe** ein.

GÖHREN

Das Ostseebad Göhren liegt auf der Halbinsel Mönchgut, im Südosten der Insel Rügen. 1276 und 1295 urkundlich erwähnt, gehörte es zu den Orten, die Fürst Jaromar II. dem Kloster Eldena bei Greifswald verkauft hatte. Wegen seiner schönen Umgebung - im Osten die Landspitze Nordperd (60 m hoch) mit malerischer Steilküste und vorgelagertem Blockstrand - wurde es schon 1877 Badeort. Im Jahre 1899 kam die Endstation der Rügenschen Kleinbahnstrecke Putbus – Göhren in den Ort. 1901 tummelten sich in Göhren bereits 6800 Kurgäste. Der Aufschwung als Badeort war erheblich, 1938 zählte man 222.144 Übernachtungen.
1963 wurde das Mönchguter Museum im Ort eingerichtet und eröffnet. In einem stattlichen reetgedeckten Bauern-, Fischer- und Lotsenhaus aus der ersten Hälfte des 19. Jahrhunderts werden Entwicklung und Eigenarten des Mönchgutes gezeigt. Zum Museum gehören der Bauernhof (Wohnhaus und Scheune), das Rookhuus (Wohnstatt der ärmeren Bevölkerung), der Küstenfrachter „Luise" und das Schulmuseum in Middelhagen. Das Ostseebad erblüht nach 1990 wieder zu neuem Glanz als Badeort.

In Baabe kommen wir direkt neben der Kirche auf die Strandstraße, halten uns links über die Gleise, um gleich wieder rechts auf die B 196 einzubiegen und die Kleinbahnschienen erneut zu kreuzen. Parallel der Hauptstraße folgen wir dem ausgebauten Radweg nach **Sellin**. Am Bahnhof der Kleinbahn biegt die Straße links ab, wir radeln geradeaus in den Ort hinein. Die Ostbahnstraße entlang, die in einer Linkskurve in die Granitzer Straße mündet, fahren wir über eine Kreuzung, um an der folgenden rechts in die August-Bebel-Straße einzubiegen. Diese Pflasterstraße fahren wir etwa 100 Meter bergauf und biegen links am Kriegerdenkmal in den Wald der Granitz ein. Die kurze Asphaltstrecke, mit gelben Balken gekennzeichnet, führt vorbei an der Selliner Kirche nach **Binz**.

Im Wald wechselt der Belag, wir radeln in das bergige Gebiet der Granitz über unebene Waldwege. Links und rechts wechselt der Baumbestand ständig, der Wald strahlt eine herrliche Ruhe aus. Nadelhölzer, Buchen, Lichtungen, Schonungen, Mischwald, aber auch Bänke und Rastplätze, sind am gut befahrbaren Weg zu finden. Es geht häufig bergauf und bergab. An der folgenden Weggabelung mit Rastplatz halten wir uns rechts leicht bergauf. Nach einer schönen Abfahrt kommen wir an eine weitere Wegkreuzung, an der wir wieder rechts abbiegen, dem gelben Balken folgend. Der Wegweiser zeigt Richtung Binz und Schwarzer See. An der nächsten Gabelung biegen wir links ab und rollen bergab bis zum Wegweiser **Schwarzer See**. Der Abstecher nach links lohnt sich. Bänke am Ufer des Sees laden zum Verweilen ein.

SCHWARZER SEE

Der See ist Bestandteil des Biosphärenreservates Südost-Rügen mit dem Schutzstatus I. Die Schutzfläche beträgt 22,9 Hektar. Der See selbst ist ein nährstoffarmer Kesselsee mit Hochmoorbildung in seinen Randbereichen. Wir finden hier schützenswerte Moorvegetation wie z.B. Torfmoor, Wollgras, Rosmarienheide und Moosbeere.

Auf dem Hauptweg zurück, setzen wir unsere Fahrt nach links bergab fort. Wir kommen an eine große Weggabelung, in deren Mitte ein riesiger Baum steht, die Kreuzeiche. Eine Schutzhütte ist auch vorhanden. Unsere Tour führt uns nach rechts leicht bergauf und dann auf Betongitterplatten bergab. Vorsicht, es folgt eine scharfe Linkskurve.

Alternative: An der Gabelung nach links, dem Wegweiser „Grab-Denkmal Finnischer Krieger“ folgend, kreuzt sich der Weg beim Denkmal mit dem Weg grüner Balken, der rechts nach Binz führt.

Nach etwa 1000 Metern treffen wir links vom Weg auf die Große Wiese.

Ginsterbüsche begleiten uns auch hier entlang des Weges. Der nächste Abzweig bietet links einen Rastplatz und rechts den Abstieg durch die Teufelsschlucht zum Strand. Achtung, mit dem Fahrrad ist der Weg nicht nutzbar! Der Wegweiser Binz 1,2 Kilometer weist uns unser Ziel. Zum letzten Mal steigt die Strecke leicht an, um dann bergab bis zum Ortsrand von **Binz** zu führen, das wir bei der katholischen Kirche bzw. bei den Tennis-Plätzen erreichen.

Links abbiegend bringt uns die Klünderbergstraße bergab zur Hauptstraße, auf die wir nach links einbiegen. Wir folgen der Straße bis diese rechts über die Gleise der Kleinbahn abbiegt. Unsere Strecke geht geradeaus bergauf, Kennzeichnung roter Balken, zum **Jagdschloss Granitz**.

JAGDSCHLOSS GRANITZ

Das Schloss ist eine neugotische Vierflügelanlage mit Ecktürmen. Im Hof steht ein 38 Meter hoher Rundturm, der nach Entwürfen von Schinkel gebaut wurde. Das Gebäude steht auf dem 107 Meter hohen Tempelberg. Im Erdgeschoss befinden sich Räume mit gekachelten Wänden und Stuckdecken, im Obergeschoss ein reich verzierter Festsaal. Dieses Schloss wurde durch die Fürsten von Putbus als Ausflugsziel genutzt. Von hier gingen sie mit ihren Gästen auf Jagd in die Granitz.

Die Räume des Schlosses werden heute für Ausstellungen und Gastronomie genutzt. Der Aufstieg auf den Turm über eine freitragende Wendeltreppe lohnt sich bei klarem Wetter. Die Aussicht über die gesamte Insel Rügen ist der Lohn.

Die Abfahrt nach Lancken-Granitz ist steil und der Wegbelag wechselt zwischen Pflaster und Asphalt. Am Nationalparkamt Rügen vorbei führt uns die gepflasterte Kastanienallee über die Gleise der Kleinbahn direkt nach Lancken-Granitz. Hier überqueren wir vorsichtig die stark befahrene B 196 und radeln durch den Ort weiter. Links haltend und dem Kennzeichen grüner Balken folgend, kommen wir an den Großsteingräbern vorbei zum Fünffingerweg. Eine mächtige Eiche überschattet die Weggabelung, an der wir in den zweiten Weg rechts mit der Kennzeichnung gelber Balken nach Groß Stresow einbiegen. Schutzhütte und Orientierungstafel helfen uns. Dem Weg in die Stresower Tannen folgend, kommen wir nach etwa 1000 Metern an den **Ziegensteinen** vorbei.

ZIEGENSTEINE

Die Steine sind mit uralten, tiefen kreuzartigen Einmeiselungen versehen. Die alte Bezeichnung „Zegensteen“ bedeutet wahrscheinlich Siegesstein. Der Stein ist über 2 Meter hoch und 1,5 Meter breit. Der Sage nach sollen die Steine nach einem Kampf zwischen Mönchgutern und Rüganern gesetzt worden sein.

Wir radeln weiter am Feriendorf Klein Stresow vorbei, links wird die Sicht auf die Stresower Bucht frei. An deren Ufer geht es durch Groß Stresow in Richtung Lauterbach. Im Ort, an der Gabelung mit Telefonzelle, wechselt die Wegkennzeichnung von gelben auf blauen Balken. Direkt am Wasser, nach einem kleinen Anstieg, haben wir bei Muglitz freien Blick auf die Insel Vilm. Der asphaltierte Weg geht in Feldweg über. Kurz vor Freetz biegen wir, dem Wegweiser nach Lauterbach folgend, nach links in einen schmalen Weg ein. Durch alte Weiden kommen wir direkt in den Uferbereich. Über eine kleine Brücke kommen wir in das Waldgebiet der Goor. Der schmale Waldweg (Vorsicht! Äste und Wurzeln sowie Wegsperren!) durch den Wald bringt uns zum **Badehaus Goor**. Links durch die Bäume ist der Hafenbereich von Lauterbach zu erkennen. Am Fußweg, der etwas unterhalb unserem Radweg am Ufer entlang führt, stehen Bänke, die wir zum Rasten nutzen können. Der Blick auf den Rügischen Bodden und die Insel Vilm ist herrlich. Segler und Motorboote beleben das Gewässer.

Badehaus Goor

BADEHAUS GOOR

Das Badehaus wurde als Friedrich-Wilhelm-Badehaus zwischen 1817 und 1818 für höhere Herrschaften erbaut. Die 18 dorischen Säulen, die das Haus wie einen Tempel aussehen lassen, wurden nach 1830 aufgemauert. Heute trägt das Badehaus nur noch den Namen Goor, nach dem Waldstück, in dem es liegt. Durch die kurze Entfernung zum Hafen und Bahnhof von Lauterbach, war das Haus für Badegäste schnell zu erreichen.

Am Badehaus vorbei führt der Weg in Richtung Lauterbach/Putbus. Lauterbach berühren wir nur und erreichen Putbus direkt am bekannten Park der Stadt. Die folgende Straßengabelung führt uns links in das Zentrum, rechts in Richtung Binz/Göhren zum Bahnhof der Stadt. Unmittelbar am Bahnhof der Deutschen Bahn AG finden wir den Bahnhof der rügenschen Kleinbahnlinie Putbus – Göhren.

PUTBUS

Der Ort war Residenz des ehemals 330 Quadratkilometer großen Fürstentums Putbus im Süden Rügens. Das Dorf Podebuz wurde 1253 erwähnt. Kaiser Karl VI. erhob 1727 Freiherr Malte I. Putbus in den deutschen Reichsgrafenstand. Wilhelm Malte gründete 1810 den Ort Putbus und richtete sechs Jahre später Bad Lauterbach ein.
Der 75 Hektar große Park liegt unmittelbar am Ort. Das Schloss aus dem 16. Jahrhundert, nach einem Brand 1865 wiederaufgebaut, gehörte zu den bedeutendsten Anlagen des norddeutschen Klassizismus. Nach 1945 verfiel das Schloss und wurde 1960 gesprengt und abgetragen. Weitere Baudenkmäler des Ortes sind der Circus, die letzte einheitlich durchgeführte Rondellplatzanlage in Deutschland, in deren Mitte ein Obelisk steht. Das 1827 bis 1836 erbaute Pädagogium steht an der Ausfallstraße nach Garz. Villa Löwenstein, heute Rosencafé, liegt an der Straße Richtung Lauterbach unmittelbar am Circus. Das Theater, inzwischen aufwendig restauriert, befindet sich gegenüber der Parkanlage mit seinem Wildgehege. Orangerie, Schlosskirche, Marstall, Jägerhütte, Fasanen- und Affenhaus, Mausoleum, Kursaal, Völschowsche Brauerei u.a. markante Gebäude kennzeichnen die Geschichte des Ortes, der 1960 das Stadtrecht erhielt. Die Rügensche Kleinbahn hat im Ort ihren Hauptsitz.

Nach der Besichtigung der Stadt und ihrer Sehenswürdigkeiten nutzen wir die Kleinbahn, um wieder nach Göhren zurückzufahren. Eine herrliche Bummelfahrt mit der Rügenschen Kleinbahn „Rasender Roland“ durch Felder, Wiesen und die Granitz schließt unseren Tagesausflug ab.

„RASENDER ROLAND“

Bezeichnung für die Rügensche Kleinbahn (750 mm), die noch heute zwischen Putbus und Göhren durch die Ostseebäder Binz, Sellin, Baabe und Göhren dampft. 1895 wurde der Streckenabschnitt Putbus - Binz in Betrieb genommen, den man 1896 nach Sellin erweiterte. Im gleichen Jahr eröffnete die Strecke Bergen - Wittower Fähre - Altenkirchen. 1897 baute man die Verlängerung der Strecke von Sellin nach Baabe, die 1899 nach Göhren vollendet wurde. Ebenfalls 1896 eröffnete man die Strecke Putbus - Altefähr. 1918 wurde die Strecke Wittower Fähre - Altenkirchen mit einem Abzweig Buhrkow - Dranske/Bug erweitert die man aber nach dem 1. Weltkrieg wieder einstellte. 1967 wird die Strecke Putbus – Altefähr, 1968 die Strecke Wittower Fähre - Altenkirchen und 1970 die Strecke Bergen – Wittower Fähre eingestellt und demontiert. 1975 wird die Kleinbahn zum Denkmal erklärt und somit bis heute erhalten. Seit 1991 sorgt der „Förderverein zur Erhaltung der Rügenschen Kleinbahn“ für den weiteren Betrieb der beliebten Bahn im Süden der Insel Rügen. Um die 2000 Personen befördert der Rasende Roland immer noch im täglichen Schnitt bei einer Höchstgeschwindigkeit von 30 Kilometer pro Stunde. Für ihre gesamte Strecke braucht die Bahn 66 Minuten.

4. Rund um den Kleinen Jasmunder Bodden

Binz – Prora – Mukran – Staphel – Saiser – Lietzow – Ralswiek – Bergen – Tilzow – Putbus – Vilmnitz – Nadelitz – Groß Stresow – Fünffingerweg – Lancken Granitz – Jagdschloss Granitz – Binz

Streckenlänge:	53 km
Wege:	asphaltierte bzw. betonierte Nebenstraßen, Wald- und Feldwege, ausgebaute Radwege
Profil:	leicht hüglig, eben und ein Berg
Bemerkungen:	Verkürzung der Strecke oft nur über stark befahrene Straßen

Am Bahnhof in Binz beginnen wir mit der Tour um den Kleinen Jasmunder Bodden.

Über die Dollahner Straße verlassen wir, am Dünenpark vorbei, das Ostseebad Binz. Vor dem Bahnübergang biegen wir rechts auf den ausgebauten Radweg in Richtung Prora ein. Ein schön zu fahrender Streckenabschnitt liegt vor uns.

BINZ

Der größte Badeort Rügens liegt an der geschwungenen Küste der Prorer Wiek zwischen dem Nadelwald der Schmalen Heide im Norden und dem Buchenwald der Granitz im Süden. Der Ort mit seiner Bäderarchitektur hat sich zwischen Schmachter See und Ostsee geschoben. Der Ort Byntze war 1318 im Besitz der Herrschaft von Putbus. Seit 1876 ist Binz Seebad. Eine Aktiengesellschaft begann 1888 mit dem Ausbau des Bades, den 1910 Fürst Wilhelm zu Putbus weiterführte. Eine Seebrücke wurde 1902 gebaut, nach deren Zerstörung 1905 durch eine zweite und 1996 durch eine dritte ersetzt. Nach 1905 legten hier Bäderschiffe an, was lange Jahre nach der Zerstörung der zweiten Brücke durch Eis nicht möglich war. Heute wird diese Tradition wieder mit Leben erfüllt. Binz wurde in den Anfängen unseres Jahrhunderts zum vornehmsten und elegantesten Modebad für den Adel und Gäste aus dem Ausland. 1938 gab es 268.181 Gästeübernachtungen. Nach 1945 entwickelte sich Binz als Erholungsort des FDGB mit großen Ferienheimen und Kindereinrichtungen sowie betrieblichen Erholungseinrichtungen. Die markante Bäderarchitektur wurde sträflich vernachlässigt. Mit der „Aktion Rose“ wurden 1953 die letzten privaten Eigentümer Pensionen und Hotels durch den Staat enteignet und vertrieben. Diese rein politische Maßnahme gegen das Privateigentum sollte der „Festigung der Arbeiter- und Bauernmacht“ in den Ostseebädern dienen. Erst nach 1990 kehrten einige Alteigentümer zurück und übernahmen, oft unter schwierigen Bedingungen, ihre alten Häuser wieder. Binz entwickelt sich weiter, wieder im Sinne seiner Vergangenheit zum gefragtesten Ostseebad an der Küste.

Am zweiten Abzweig nach rechts überqueren wir die Straße und biegen in Richtung Koloss von **Prora** ab. An dieser „Betonwand" angekommen, radeln wir nach links an dieser entlang.

PRORA

Der „Koloss von Prora" wurde 1936 bis 1939 gebaut. Es war als Ostseebad für die „Kraft durch Freude" – Bewegung bestimmt und sollte jeweils 20.000 Urlaubsgästen für eine Woche Unterkunft bieten. Je zwei Personen in einem 2,40 Meter breiten Zimmer, alle mit Blick auf die See und zentrale sanitäre Einrichtungen, dazu große Gemeinschaftsräume waren im Angebot. Die gigantische Festhalle, der Schiffsanleger und die nördliche Hälfte des Koloss (Gesamtlänge etwa 5 km) sind nicht fertig geworden, der 2. Weltkrieg verhinderte es. Während der DDR-Zeit wurde das gesamte Gebiet der Schmalen Heide militärisches Sperrgebiet. Die Technische Unteroffiziersschule der NVA war hier untergebracht, dazu im südlichen Teil das größte Erholungsheim der Armee mit 900 Betten. Heute finden wir Betriebe, Schulen, eine Jugendherberge, ein Hotel, eine Pension sowie das „Museum zum Anfassen", das „Eisenbahn- und Technikmuseum" und das Museum „Prora-museal-informativ-Dokumentation" in den Mauern des Giganten.

Am Zentrum angekommen führt links der Weg wieder fast bis an die Bahnstrecke heran. Parallel zum Gleis fahren wir auf dem Radweg bis zum Abzweig zum **Eisenbahn- und Technik-Museum**. Wir biegen rechts ein und folgend dem Radweg in die Mukraner Straße nach links. Rechts abbiegend haben wir die Möglichkeit, das umfangreiche Technik-Museum zu besuchen.

Eisenbahn-und Technikmuseum

Auf über 4.000 Quadratmetern überdachter Ausstellungsfläche und einem großen Freigelände hat man hier ein Eisenbahn- und Technik-Museum eingerichtet. Es sind inzwischen etwa 30 Lokomotiven und eine ganze Reihe von alten Feuerwehren, Kesselwagen und Bussen zu sehen. Die schwerste Lok wiegt 175 Tonnen und hat 2.000 PS, die kleinste hat zwei Tonnen Gewicht und 20 PS. Raritäten sind eine Feuerwehr der Marke Dennis Pumper und eine Lok der Baureihe 23.

Der Radweg geht nach etwa 200 Metern auf die betonierte Mukraner Straße über. Auf dieser verlassen wir den Ort Prora. Nach ca. 800 Metern biegen wir rechts in den Waldweg ein und kommen zu dem unvollendeten Teil des Koloss der Schmalen Heide. Strandabgänge ermöglichen einen kurzen Abstecher nach rechts zum herrlichen Sandstrand. Wir fahren über den Parkplatz

bis zu einem quer zur Fahrtrichtung stehenden Erdwall. Vor diesem radeln wir links Richtung Hauptstraße, biegen aber vorher rechts ab. Nach etwa 500 Metern kommen wir gegenüber des Parkplatzes, der Ausgangspunkt für Wanderungen in die Feuersteinfelder ist, auf die Straße. Dieser folgen wir nach rechts in den Ort Mukran hinein.
Rechts wird der Blick auf die Prorer Wiek und den größten Fährhafen an der Ostseeküste frei. Im Bereich des Ortes können wir rechts unsere Räder auf einem Parkplatz abstellen und auf den Granitblöcken der Uferbefestigung ruhend, dem Fährbetrieb zusehen.

FEUERSTEINFELDER

Diese Feuersteinfelder im NSG Schmale Heide sind fast einmalig in Europa, nur auf der dänischen Insel Moen gibt es ähnliche. Auf einer etwa 40 Hektar großen Fläche, etwa zwei Kilometer lang und 400 Mater breit, verlaufen parallel zur Ostsee 14 hintereinander liegende Wälle aus grauweiß schimmerndem Feuersteingeröll, etwa einen Meter hoch, in gelockerter Vegetation mit Bäumen, Sträuchern und Heidekraut. Diese Steinwälle wurden vor 3500 bis 4000 Jahren durch eine Reihe starker Sturmhochwasser aufgeworfen. Zu dieser Zeit lag der Meeresspiegel 1 bis 1,5 Meter höher als heute, der Kleine Jasmunder Bodden war eine offene Meeresbucht.

Am Ortsausgangsschild biegen wir links in Richtung Staphel ab. Über die Betonstraße erreichen wir den kleinen Ort. Am Ortseingang endet der Beton und ein natürlicher, fester Weg führt durch den Ort. Durch Felder und Wiesen, entlang dem Großen **Wostevitzer Teich** kreuzen wir die Bahngleise bei Saiser, überqueren den Saiser Bach und kommen auf die B 96.

WOSTEVITZER TEICHE (NSG)

Die Teiche sind ein von Erlensumpf und -bruch umgebenes Flachgewässer, zwischen Endmoräne im Süden und Grundmoräne im Norden. Hier soll der Lebensraum gefährdeter Amphibien- und Reptilienarten (u.a. Kammolch, Springfrosch, Kreuzotter), Vogelarten (u.a. Waldkauz, Schlagschwirl, Fischadler) und von Fledermäusen erhalten werden. Die Teiche sind außerdem Rast- und Ruhegewässer verschiedener Wasservogelarten. Ein weiteres Ziel des Naturschutzes ist die Regenerierung des Röhrichtgelegesaumes.

Alternative: Bevor wir die Häuser von Staphel erreichen, zweigt links ein Waldweg von der Betonstraße ab und führt durch den Wald der Truper Tannen direkt nach Lietzow auf die B 96.

Wir überqueren diese sehr stark befahrene Bundesstraße und radeln nach links in Richtung Bergen parallel auf dem ausgebauten Radweg. Wenn wir in den Wald der Semper Heide einfahren, geht es kurz bergauf, um dann mit Schussfahrt am Strand von Lietzow anzukommen. Vorsicht bei der Abfahrt!
Wenn wir am Strand entlang fahren, haben wir rechts den Blick auf den Großen Jasmunder Bodden mit den Schwarzen Bergen vom Ralswieker Forst und geradeaus den Kleinen Jasmunder Bodden – mit der Spitze der Marienkirche von Bergen im Hintergrund. Nach dem Ortsausgang fahren wir über die Schleuse zwischen beiden Bodden. Die Breite der Landenge machen nur Straße, Radweg, Gleis und schmale Uferzonen aus.
In den Ralswieker Forst hinein, geht es etwa zwei Kilometer allmählich bergauf. Links der Verkehr auf der B 96, den wir nicht beachten, dafür aber rechts die geschützten Ameisenburgen. An der Bushaltestelle Augustenhof müssen wir die B 96 überqueren. Vorsicht! Rechts schlecht einsehbar!
Wenn der Anstieg gemeistert ist, rollen wir bis zum Abzweig Ralswiek und überqueren nach rechts wieder die B 96. Dem Rad- und Fußweg bergab folgend, kommen wir an der Schwedischen Holzkirche in den „Seeräuber-Schlupfwinkel“ **Ralswiek**.

Alternative: am Abzweig Ralswiek geradeaus weiter Richtung Bergen

Nach dem Besuch des Hafenbereiches und der großen Naturbühne mit dem Schloss fahren wir im Ort zurück bis zur Straßengabelung vor der Holzkirche. Rechts führt uns der Weg nach Jarnitz. Ein kurzer Anstieg und wir rollen bergab am Ort vorbei zur Straße, die links zur B 96 führt. Letzte Überquerung der Bundesstraße und rechts parallel dieser rollen wir nach **Bergen**. Am Abzweig Bergen suchen wir uns den Weg durch die Leitplanken und radeln Richtung Kreisstadt.
Über den Bahnübergang fahren wir leicht bergauf in die Stadt hinein. Kurz nach dem Ortseingang wechseln wir auf die Pflasterstraße. Auf der Raddasstraße kommend, überqueren wir den Markt und fahren rechts die Marktstraße bergab, hinein in die Dammstraße. Diese Straßen lassen sich schlecht befahren, da sie sehr holpriges Pflaster haben. An der Kreuzung mit der Ringstraße biegen wir links ab und fahren auf Asphalt an die Ampelkreuzung der B 196. Nach Tilzow überqueren wir diese Bundesstraße und fahren durch das Gewerbegebiet Tilzower Chaussee, durch den Eisenbahnviadukt, in den Wald hinein. Der Ort Tilzow bleibt rechts liegen. An der folgenden Kreuzung bleiben wir gerade in Richtung Ketelshagen. Die Asphaltstraße ist wenig befahren und es rollt sich sehr gut. In Ketelshagen folgen wir der Hauptstraße bis kurz vor Güstelitz. Hier kreuzt der Kreisradwanderweg die Straße, wir biegen links auf ihn ein. (Achtung! Die Kreuzung des Radweges ist durch Büsche schlecht zu sehen.) Parallel zur Straße durchfahren wir den Ort, bleiben auf dem Radweg bis rechts eine Kleingartenanlage erscheint. An dieser radeln wir bis zur Wegkreuzung entlang. Nach rechts geht es über Spurplatten nach **Putbus** hinein. Auf dem Markt angekommen, halten wir uns links am Theater vorbei zum

Circus. Dem Abzweig in Richtung Lauterbach/Binz folgend, geht es bergab. An der Straßengabelung bleiben wir gerade und fahren auf der Pflasterstraße nach rechts über die Gleise zum Ortsausgang. Die alte Bäderstraße ist asphaltiert und bringt uns nach **Vilmnitz**. (Achtung! Auf den Verkehr achten!)

RALSWIEK

Der kleine Ort am Großen Jasmunder Bodden hat eine über 1000jährige Geschichte. Zahlreiche Funde bei Ausgrabungen, darunter drei geklinkerte Kielboote von sieben und zehn Metern Länge, beweisen, dass sich hier im 9. bis 12. Jahrhundert Ranen ansiedelten und lebten. Im frühen Mittelalter, zur Zeit der dänischen Herrschaft, war Ralswiek der bedeutendste Handelsplatz Rügens. Als Sitz der Beauftragten des Bischofs von Roeskilde mussten die Rüganer hier ihre Pacht und Fron abliefern. Legenden berichten, dass Ralswiek auch ein Unterschlupf des berüchtigten Piraten Klaus Störtebeker gewesen sein soll. Aus diesem Grund entstand hier 1958 eine gewaltige Naturbühne, auf der zu DDR-Zeiten dreimal die Geschichte des Seeräubers nach Kurt Bartel aufgeführt wurde. Seit 1993 wird jährlich an 60 Abenden im Sommer eine Episode aus Störtebekers abenteuerlichem Leben aufgeführt. Die gesamte Anlage wurde mit knapp 10.000 Plätzen versehen und moderne Technik läßt jede Aufführung zu einem Erlebnis werden.

Das Schloss oberhalb der Naturbühne, 1891 für den größten Feudalherren Rügens Graf Douglas erbaut, mit einer dendrologisch interessanten Parkanlage sowie die kleine hölzerne Schwedenkirche am Ortseingang gehören zu den Baudenkmälern des Ortes. Das Schloss ist heute wieder Privatbesitz und ein Hotel.

VILMNITZ

Der Ort war Ende des 12. Jahrhunderts Sitz Stoislaws, des Bruders Fürst Jaromars I. Hier stellte Fürst Jaromar II. 1260 Urkunden aus. 1396 gehörte Vilmnitz der Familie Putbus. Der Stralsunder Bürger Alf Graverode erwarb 1443 Dorf und Gut, doch kauften die von Putbus beide bis Ende des 15. Jahrhunderts zurück. 1928 wurde Vilmnitz nach Putbus eingemeindet.

St. Maria Magdalena, eine Backsteinkirche aus der Mitte des 13. Jahrhunderts, ist von weitem sichtbar. Das Schiff und der dreigeschossige Turm wurden im 15. Jahrhundert angebaut. Der Altar und vier aufwendige Epitaphe der Familie Putbus aus Bernburger Sandstein wurden 1601 bis 1603 geschaffen. Unter dem Chor stehen in der Gruft 27 prächtig verzierte Särge der Familie Putbus.

Feuersteinfelder

Die Ortsdurchfahrt ist traditionell gepflastert. Weiter geht die Fahrt durch Nadelitz bis zum Abzweig Groß Stresow. Hier verlassen wir die Straße und biegen rechts ein. Ein kurzer Anstieg auf unebenem Naturweg und dann geht es bergab. Vorsicht! Auf dem halben Berg abwärts wechselt der Wegbelag in Pflaster! Im Ort biegen wir links ab (gelber Balken) und radeln den Weg entlang dem Ufer der Stresower Bucht, an Klein Stresow vorbei, durch die Stresower Tannen mit den Ziegensteinen hindurch, bis zum Fünffingerweg. Schutzhütte und Orientierungstafel stehen im Schatten einer mächtigen Eiche. In Richtung Lancken-Granitz folgen wir dem Kennzeichen grüner Balken. An den **Großsteingräbern** vorbei kommen wir in den Ort. An der Kreuzung mit der B 196 überqueren wir diese Bundesstraße und fahren auf der gepflasterten Kastanienallee zum **Jagdschloss Granitz**.

Hinter dem Bahnübergang der Kleinbahn kommt links das Nationalparkamt Rügen und da beginnt der erst allmählich, dann steil werdende Anstieg zum Jagdschloss. Die Abfahrt auf der Gegenseite ist asphaltiert und gut zu fahren. Vorsicht! Laufender Verkehr des „Jagdschloss-Expresses“! Unten angekommen fahren wir am Bahnübergang, der links bleibt, auf die Hauptstraße und nach Binz hinein.

5. Im Inselkern

Bergen – Nonnensee – Thesenvitz – Patzig – Veikvitz – Gagern – Silenz – Gingst – Güstin – Dreschvitz – Güttin – Teschenhagen – Sehlen – Tilzow – Bergen

Streckenlänge:	39 km
Wege:	ausgebaute Radwege, Wald- und Feldwege, Nebenstraßen, Spurplatten
Profil:	leicht hügelig, meist eben
Bemerkungen:	Veränderungen der Tour mehrmals möglich

Wir beginnen auf dem Markt der Kreisstadt **Bergen** unsere Fahrt über den Inselkern oder auch das „Mutterland" der Insel.

BERGEN

Die Stadt liegt auf dem Hang einer Stauchmoräne, die sich nordöstlich im Rugard (91 m) erhebt. Hier oben stand die Burg der Fürsten von Rügen. Fürst Jaromar I. erbaute im Burgflecken eine Palastkapelle als Grablege. 1193 wurde diese durch Benediktinerinnen aus Roskilde als St. Marienkirche vollendet. Es war der erste Steinbau auf Rügen und die älteste Kirche Pommerns. Der Stadtbrand im Jahre 1445 vernichtete einen großen Teil des Ortes. Im 15. und 16. Jahrhundert erfolgte die Ansiedlung von Handwerk, seit 1613 besitzt Bergen das Stadtrecht. 1806 wurde Bergen Kreisstadt und ist noch heute das Verwaltungszentrum der Insel. 1877 wurde der Ernst-Moritz-Arndt-Turm (27 m hoch) auf dem Rugard erbaut. Bergen ist die Geburtsstadt des bedeutenden Chirurgen Theodor Billroth (1829-1894). Sein Geburtshaus ist mit einer Gedenktafel versehen. Im ehemaligen Kloster der Stadt findet man heute das Stadtmuseum.

Über die gepflasterte Marktstraße biegen wir nach rechts in die Bahnhofstraße ein, die nach etwa 100 Metern Asphaltbelag anbietet. Bergab bis zur Kreuzung, biegen wir rechts in die Ringstraße ein, der wir durch den Eisenbahnviadukt auf die Gingster Chaussee folgen. An der Gingster Ampelkreuzung mit der B 96 überqueren wir diese, um rechts auf den Rundweg um den **Nonnensee** einzubiegen. Parallel zur Straße radeln wir bald nach links abbiegend am Ufer des Sees entlang.

NONNENSEE

Bis auf ein Schilfröhricht und eine Grauweidefläche wurde der See 1967 (erste Versuche schon Mitte des 19. Jahrhunderts) zur Gewinnung von Weideland endgültig trockengelegt. Im Winterhalbjahr 1993/94 fiel das Schöpfwerk aus und der See entstand neu. Er ist 70 Hektar groß und hat eine maximale Tiefe von 1,50 Metern. Unter anderem brüten hier Höckerschwan, Graugans, mehrere Entenarten, alle einheimischen Lappen- und Taucherarten, Lachmöwe und Beutelmeise. Er ist Nahrungs-, Rast- und Ruhegewässer für fast alle mitteleuropäischen Entenarten, zahlreiche Wattvögel, Kormoran und Seeadler. Es wurden schon in den ersten zwei Jahren 55 ans Wasser gebundene Vogelarten nachgewiesen, 23 davon als Brutvögel. Bis auf eine extensive Beweidung, ohne Düngung und verträglichen Tourismus (Rundwanderweg) ist jegliche Nutzung ausgeschlossen.

Mehrere Wegsperren sorgen dafür, dass keine PKWís den Weg benutzen können. Der angelegte Weg läßt sich sehr gut befahren. Nach etwa 1000 Metern kommen wir an einen mit Holz erbauten Rastplatz. Ein Beobachtungsturm lädt zum Besteigen ein. Von oben hat man einen weiten Blick über den gesamten See und sieht im Hintergrund die Silhouette der Stadt Bergen. Der Rundwanderweg folgt dem Ufer nach links, wir halten uns rechts am Waldrand entlang bis links der Weg leicht bergan über eine Wiese führt. Der Feldweg ist uneben, aber gut befahrbar. Bei den folgenden einzelnen Häusern wechselt der Belag in Betonspurplatten. Links und rechts bietet sich uns die Vielfalt der rügenschen Landschaft. Felder, Wiesen, Büsche, Baumgruppen und hügeliges Land wechseln sich ab. Im Ort Thesenvitz angekommen fahren wir bis zur Hauptstraße und biegen rechts nach **Patzig** ab. Die Straße ist wenig befahren, trotzdem sollten wir Vorsicht walten lassen.

PATZIG

Fürst Witzlaw I. bestätigte 1232 dem Benediktinerinnenkloster in Bergen die Schenkung von 1217 des Hofes „Pyask" durch seinen Vater Jaromar. Seit dem 14. Jahrhundert war der Ort in mehrere Besitzanteile aufgeteilt. Das Kirchspiel wird schon 1318 erwähnt, die St. Margarethenkirche 1392. Der heutige Bau besteht aus einem bis 1466 errichteten Chor mit Kreuzrippengewölben und einem späteren Schiff. Der Turm wurde um 1500 erbaut. 1950 wurden im Chor Teile der erhaltenen Wandmalerei des 15. Jahrhunderts freigelegt.
Eine Kalksteingrabplatte für Petrus von Patzig (1339) mit Ritzzeichnung ist aufgestellt.

Es geht durch den Ort Patzig bis zum Abzweig Woorke, dem wir nach links folgen. Rechts sehen wir einen kleinen Teich. Dem Wegweiser Veikvitz I und Veikvitz II folgend, geht es durch freies Gelände über Spurplatten. Rechts werden die **„Woorker Berge"** sichtbar.

WOORKER BERGE

Die Woorker Berge sind 13 Hügelgräber, die alle einzeln auf dem freien Feld links und rechts des Weges von Patzig nach Kartitz liegen. Hier handelt es sich um das größte bronzezeitliche Gräberfeld der Insel Rügen. Durch den Baumbewuchs geben sie ein eigenartiges Landschaftsbild ab.

Am Ort Woorke vorbei ist Veikvitz II schnell erreicht. An der Straße Ramitz-Rappin biegen wir links ab, um nach etwa 50 Metern diese wieder nach rechts zu verlassen. Der Feldweg bringt uns nach Gagern. Hier wechselt der Belag,

erst in Betonspuren, im Ort zu Betonplatten querliegend. Geradeaus durch Gagern, die eigentliche Hauptstraße biegt nach links ab, kommen wir am Ortsrand auf einen Feldweg mit schlechter Oberfläche, den wir bis zum Ort Silenz befahren. Beim Ort angekommen, biegen wir nach links auf die Straße von Neuenkirchen ein. Nach 200 Metern haben wir die Kreuzung mit der Landstraße in Richtung Tent/Wittower Fähre erreicht. Vorsicht beim Überqueren, die Straße ist stark befahren.
Auf der anderen Seite geht es über Betonplatten in Richtung Gingst weiter (Wegweiser nach Grosow). In Gingst angekommen, radeln wir am Markt und der Kirche vorbei, bis links die Kurt-Bürger-Straße abzweigt.
Wir folgen dieser Straße bis zum Ortsausgang und fahren über einen Landweg nach dem Örtchen Güstin. Durch den Ort durch, links ist ein kleiner See zu sehen, geht der Landweg in Feld- und Waldweg über. Ihm folgen wir in den Neuendorfer Wald hinein bis zur Wegkreuzung. Hier folgen wir dem breiten Weg geradeaus in Richtung Dreschvitz. Am Waldrand kommt eine Weggabelung, wir halten uns links, um nach etwa 50 Metern wieder rechts abzubiegen. Der Ort Mönkvitz ist erreicht. Die Spurplatten führen uns nach Dreschvitz. Am Ortsrand biegen wir links auf einen unebenen Weg ein, den wir nach 50 Metern wieder nach rechts verlassen. Jetzt fahren wir durch den Ort in Richtung Flugplatz Güttin (Hinweisschild beachten). Über einen asphaltierten Landweg kommen wir in der Ortsmitte von Güttin auf die Hauptstraße, auf die wir nach links einbiegen. Ab Ortsausgang führt rechts parallel zur Straße ein ausgebauter Radweg zum Flugplatz.

Ab Flugplatz geht es wieder auf einem asphaltierten Landweg weiter in einen Wald hinein. Nach der 500 Meter langen Walddurchfahrt können wir rechts über die Wiesen den starken Verkehr auf der B 96 sehen. An der Ampelkreuzung Teschenhagen überqueren wir die Straße und radeln über die Gleise in den Ort **Sehlen** hinein.

Im Ort finden wir traditionelles Pflaster vor. Wenn die Hauptstraße rechts abbiegt, fahren wir geradeaus, es sei denn, wir wollen der Kirche einen Besuch abstatten.
Unserem Weg geradeaus folgend, geht es in den Sehlener Forst hinein. Links liegt eingezäunt eine stillgelegte NVA-Dienststelle. Bis hierher ist der Weg betoniert. Die weiterführende Asphaltstraße bringt uns leicht bergab bis zur Kreuzung Mölln – Medow. Hier biegen wir links ein und rollen an Tilzow vorbei nach Bergen hinein. Durch den Eisenbahnviadukt erreichen wir das Gewerbegebiet Tilzower Chaussee und wir sind in der Kreisstadt zurück.

6. Durch den Nationalpark Jasmund

Sassnitz – Waldhalle – Forstamt Werder – Buddenhagen – Rusewase – Holzkoppel – Baumhaus – Königsstuhl – Ranzow – Nipmerow – Nardevitz – Quoltitz – Neddesitz – Sagard – Quatzendorf – Mönkendorf – Klementelvitz – Sassnitz

Streckenlänge:	30 km
Wege:	Wald- und Feldwege, gepflasterte Nebenstraßen, Asphaltstraßen
Profil:	bergig mit langen Anstiegen und Abfahrten
Bemerkungen:	die Tour kann an mehreren Stellen verkürzt bzw. verändert werden Achtung! Im Nationalparkgebiet nur die für die Radfahrer gekennzeichneten Wege benutzen und nicht verlassen!

Diese Tour ist vergleichbar mit einer „Mittelgebirgsstrecke“. Die Halbinsel Jasmund mit ihrem gleichnamigen Nationalpark ist der höchste Teil der Insel Rügen.

Am Bahnhof der **Stadt Sassnitz** starten wir mit dem Radel die Bahnhofstraße bergab und biegen gleich links in die Bachstraße ein. Der folgen wir bis zu ihrem Ende und hier geht es rechts in die Lindenallee bis zur eigentlichen Hauptstraße. Links haltend fahren wir in Richtung Altstadt. Über die Stubbenkammerstraße weg, geht es beim Rathaus bergab, um nach der Senke wieder anzusteigen. Ab Rathaus ist anhand der Gebäude zu sehen, dass wir in die Altstadt kommen. Die Straße endet in der Buswendeschleife, direkt am **Nationalpark**.

Wir fahren an der Informationsstelle des Nationalparkes links vorbei und folgen dem Weg mit dem Kennzeichen grün-weiß diagonal halbiertes Quadrat. Anfangs geht der Waldweg leicht bergab (Achtung! Hier beginnt das Nationalparkgebiet, Verhalten für Radfahrer beachten!). Nach etwa 600 Metern kommt eine Weggabelung, deren Hinweisschild den Radler nach links bergan weist. Ab hier finden wir immer wieder das Radler-Piktogramm (schwarzes Rad auf weißem Grund) an kleinen Pfählen als Orientierungshilfe. Für etwa 250 Meter hat der Weg keine Kennzeichnung. An der folgenden Gabelung halten wir uns rechts und folgen dem Kennzeichen grüner Diagonalbalken. Bergauf fahren wir anfangs auf Waldweg, der bald in Pflaster übergeht. Oben angekommen, ist der Weg mit einer Holzschranke versehen. Links oder rechts an der Schranke vorbei kommen wir auf die Hauptzufahrtsstraße zur Waldhalle. Wenige Meter in deren Richtung gefahren (rechts haltend), finden wir ein Hinweisschild „Hünengrab“. Es weist nach links in den Wald. Etwa zehn Meter in den Wald hinein gegangen, stehen wir vor dem Grab. Die Fortsetzung unserer Fahrt erfolgt Richtung Waldhalle auf dem Rand der Pflasterstraße. Vorsicht vor Wurzeln, Ästen und kleinen Gräben. An der nächsten Weggabelung führt unsere Strecke nach links, dem Hinweisschild Richtung Sagard folgend (Kennzeichen gelb-weiß diagonal halbiertes Quadrat). Im Zentrum der Gabelung steht die sogenannte „Wappenbuche“, ein mächtiger Baum.

SASSNITZ

Die Stadt zieht sich an der Südseite des großen Stubnitzwaldes terrassenförmig an den steilen Hängen der Halbinsel Jasmund hinauf. Der heutige Ort entstand 1906 aus dem Fischerdorf Sasnitz und dem Bauerndorf Crampas. Dieses gehörte seit dem 15. Jahrhundert bis 1576 dem Hause Putbus. Das Fischerdorf bestand 1686 aus zwölf Fischerkaten. Ab 1824 wurden beide Dörfer zu Seebädern, sie entwickelten sich zu Badeorten des Großbürgertums. 1890 war der Durchbruch zum Weltbad geschafft. Seit der Mitte des 19. Jahrhunderts wuchs Sassnitz sehr schnell in Richtung Dwasieden und Lancken. 1889 bis 1896 wurde Sassnitz durch den Bau der 1430 Meter langen Mole zum Hafenort. 1891 erhielt der Ort Eisenbahnanschluß aus Richtung Stralsund / Bergen. 1896 wurde die Fährverbindung Sassnitz - Trelleborg eröffnet, die bis Januar 1998 betrieben wurde. Durch die zunehmende Bedeutung der Fähranbindung wurde der Fährhafen von Sassnitz zu klein. Der 1986 erbaute Hafen in Mukran wurde nach 1996 ausgebaut und ist heute der größte Fährhafen an der deutschen Ostseeküste. Die Ostmole in Sassnitz wurde auf 1640 Meter verlängert. 1929 entstand im Hafen eine Fischhalle. Während der Zeit der DDR beschäftigte das Fischkombinat Sassnitz etwa 2.000 Menschen, die hauptsächlich Heringe verarbeiteten.

Die Volksmarine und die Baltische Flotte der Sowjetunion nutzten bis 1990 ebenfalls den Hafen, der meist eisfrei gehalten wurde. Wegen seiner wachsenden Bedeutung erhielt Sassnitz 1957 das Stadtrecht. Es ist damit die jüngste Stadt der Insel.

Abweichung: Wir folgen der Pflasterstraße nach rechts weiter bis zur Waldhalle. Hier stellen wir unsere Räder ab und machen einen kleinen Spaziergang zu den Wissower Klinken, einen bekannten Kreidefelsen Rügens. Etwa 600 Meter die einfache Strecke.

Zurück zur Wappenbuche und auf unsere eigentliche Tour. In Richtung Sagard geht es auf Pflaster kontinuierlich bergauf. Nach etwa 1000 Metern biegen wir links ab, radeln am Forstamt Werder vorbei bis zur Hauptstraße Sassnitz-Stubbenkammer. Vorsicht beim Überqueren! Starker Verkehr!
Auf der Gegenseite geht es wieder 200 Meter auf Pflaster bergauf. Oben angekommen, steht links an der Straße eine Orientierungstafel für Radwege im **Nationalpark Jasmund**.

NATIONALPARK JASMUND

Der mit 30 Quadratkilometern recht kleine Nationalpark umschließt eine einzigartige Kreidehorstlandschaft mit einem Steilufer, das einer starken natürlichen Küstendynamik unterworfen ist. Ferner umfaßt er Quellen, Bäche, Moore, Kleingewässer und schluchtartige Täler. Dominierend ist die Rotbuche. Schon im Frühjahr wachsen in einer geschlossenen Pflanzendecke Leberblümchen, Buschwindröschen und Schlüsselblumen. Im Sommer überwiegen Gräser. Die Waldlandschaft bietet ausgezeichnete Wandermöglichkeiten. Das Nationalparkamt befindet sich beim Königsstuhl und bietet vielfältige Informationen und regelmäßig geführte Wanderungen für Besucher an.

Wir verlassen die Straße nach rechts, der Markierung roter Balken folgend. Wie auf der Achterbahn geht es durch den Wald: bergauf und bergab. Der Waldweg ist gut befahrbar, einer der wenigen vorgeschriebenen Radwege durch den Nationalpark, der nicht gepflastert ist. An der folgenden Weggabelung (mit Orientierungstafel Radwege) stoßen wir wieder auf Pflaster. Die Tour wird nach rechts fortgesetzt, um nach etwa 700 Metern nach links abzubiegen. Dieser abzweigende Weg ist mit der Richtung Hagen/Königsstuhl ausgeschildert. Über einen gepflasterten Weg, bergauf und bergab geht es am höchsten Berg der Insel, den Piekberg, vorbei. Er ist immerhin 161 Meter hoch. Links am Berg vorbei, den wir übrigens fast gar nicht merken, weil wir etwa 20 Meter unter seiner Gipfelhöhe fahren. Wenn wir nach einem letzten Anstieg den Wald verlassen, geht es an dessen Rand etwa 300 Meter bergab. Vorsicht bei der Abfahrt! Wir fahren direkt auf die Hauptverkehrsstraße Hagen-Stubbenkammer zu. Wir setzen unsere Fahrt nach rechts auf der sehr breiten Hauptstraße fort. Der lichte Buchenwald links und rechts der Straße bietet bei Sonneneinstrahlung ein märchenhaftes Bild. Am Abzweig Stubbenkammer biegen wir links ab und rollen auf der für PKWs gesperrten Straße (Busse dürfen fahren) dem **Königsstuhl** entgegen.
Wir kommen auf dem Park- und Wendeplatz für Busse am Ausflugsziel an. Links steht das Gebäude des Nationalparkamtes. Wir stellen unsere Räder am Geländer bzw. Zaun ab und besuchen die beiden bekannten Kreidefelsen Königsstuhl und Viktoria-Sicht sowie das Informationszentrum des Nationalparks.

KÖNIGSTUHL

Der Felsen ist ein Wahrzeichen Rügens. 117 Meter hoch steht dieser Kreidefels an der Ostküste der Halbinsel Jasmund und zieht jährlich Tausende Besucher an. Vom Königsstuhl und der benachbarten Viktoria-Sicht (C. D. Friedrich-Motiv) hat man eine herrliche Aussicht auf die Ostsee und die Küste der Insel. Ein Abstieg zur Küste ist über einen Weg und im letzten Abschnitt über eine Treppe (414 Stufen) möglich. Die Einmaligkeit der Landschaft lohnt die Mühe.

Alternative: Eine Kutterfahrt ab Sassnitzer Hafen, die in zweistündiger Rundfahrt entlang der Kreideküste mit der Einmaligkeit dieses Landstriches vertraut macht.

In Fortsetzung unserer Rundfahrt fahren wir auf der Straße etwa 500 Meter zurück. Rechts zweigt der Weg nach Ranzow ab. Das Kennzeichen des Weges ist ein Quadrat, blau-weiß senkrecht halbiert. An diese Weggabelung ist ein Abstecher zum nächsten Kleinod des Nationalparkes möglich, zum Herthasee mit der Herthaburg (etwa 500 Meter Fußweg, die Räder müssen abgestellt werden).
Auf dem gepflasterten Weg fahren wir durch den herrlichen Buchenbestand der Stubnitz weiter. An der folgenden Weggabelung radeln wir geradeaus bis zum Waldrand, der gleichzeitig die Grenze des Nationalparkgebietes anzeigt.

Alternative: An der Gabelung fahren wir nach links über das Baumhaus Schwierenz nach Hagen, dort halten wir uns rechts nach Nipmerow und fahren durch den Ort linkshaltend hindurch.

Vom Waldrand geht es leicht bergab nach Ranzow hinein, durch den kleinen Ort bis zur Hauptstraße Lohme-Nipmerow. Auf diese Straße biegen wir links ein und fahren leicht bergauf nach Nipmerow. An der Kreuzung nach rechts durch den Ort, bis kurz vor dem Ortsausgangsschild links ein Feldweg abzweigt.
Der Weg ist mit einem blauen Balken gekennzeichnet. Durch Felder, vorbei an sumpfigen Wiesen, geht unsere Fahrt bis nach Nardevitz. Rechts ist der Blick zur Ostsee frei. Im Hintergrund ist das Kap Arkona zu sehen. An der Weggabelung vor Nardevitz biegen wir links ab und fahren Richtung Quoltitz bergan. Oben angekommen geht es eben weiter. Rechts liegt ein versandender See und links sind die Überbleibsel ehemaliger Kreidebrüche zu sehen. In Fahrtrichtung haben wir Sicht auf den Großen Jasmunder Bodden mit den Banzelvitzer Bergen im Hintergrund und die Kirche von Bobbin. Wir fahren in etwa 100 Metern über dem Meeresspiegel. Der Bakenberg, der hinter den Fürstengräbern (Hügelgräber) liegt, hat eine Höhe von 112 Metern. Die folgende steile Abfahrt nach Quoltitz sollten wir vorsichtig fahren. Der unten weiterführende Weg nach Neddsitz wechselt ständig den Belag: Pflaster, Beton und letztlich Asphalt. Im kleinen Ort Gummanz können wir das sehr interessante Kreide-Freilichtmuseum besuchen. An der neuen Ferienanlage

Tour 2: In See stechen oder edel das Fernweh genießen – die Selliner Seebrücke

Tour 10: Wunderschön im Frühling – Landschaft bei Lohme

Tour 3: Klassizismus in der Residenz – die Orangerie in Putbus

Tour 2: Schillert farbenreich – das Meer am Nordperd

Tour 6: Romantischer Blick – die Wissower Klinken

Tour 5: Seit 125 Jahren auf dem Rugard – der Ernst-Moritz-Arndt-Turm

Tour 8: Helfen nicht nur Seefahrern bei der Orientierung – die Leuchttürme auf Kap Arkona

und den Ferienhäusern vorbei, radeln wir durch den Ort in Richtung Sagard. Die Pflasterwege und -straßen bleiben unsere Begleiter. In Sagard biegen wir am Friedhof links in die Ortsstraße ein und fahren bergab, über den Sagarder Bach, vorbei am Markt bis zur Kreuzung. Hier halten wir uns links leicht bergan bis zum Denkmal für Gefallene des 1.Weltkrieges. Vor dem Denkmal zweigen wir links nach Quatzendorf ab. Nach kurzem Anstieg geht es bergab über die Bahngleise. Rechts am stillgelegten Betriebsgelände vorbei, ehe es bergauf geht, zweigen rechts zwei Wege ab. Wir nehmen den zweiten, der uneben und schmal werdend, uns durch Wald, parallel der Gleise bis nach Klementelvitz führt. Hier stoßen wir auf das noch produzierende Kreidewerk Rügens. Nach rechts und vor dem Bahnübergang links geht der schmale Weg weiter Richtung Sassnitz. Wenn auf beiden Seiten des Weges Kleingärten auftauchen, sind wir kurz vor Sassnitz-Lancken. Über die Klementelvitzer Straße radeln wir in den Ort hinein. An der ersten Gabelung fahren wir rechts bis zum Bahnübergang und biegen vor ihm links in Richtung Zentrum der Stadt ein.

Kreideküste der Stubnitz

7. Sagard – erstes Bad auf Rügen

Neddesitz – Bobbin – Spyker – Polchow – Martinshafen – Borchtitz – Sagard – Neddesitz

Strecke:	15 km
Wege:	überwiegend asphaltierte Landwege, Pflasterstraße, Feldwege
Profil:	leicht hügelig, eben
Bemerkung:	keine

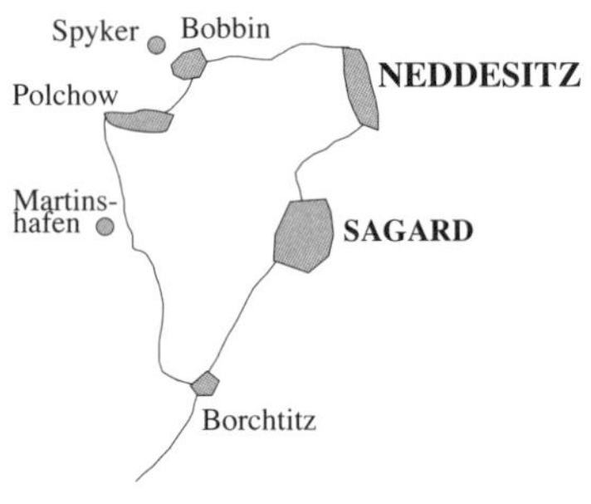

Ein Radlerausflug südwestlich von Sagard läßt uns ein kleines Stück der Halbinsel Jasmund kennenlernen. Wir fahren vom Ort Neddesitz die asphaltierte Landstraße, vorbei an den Sportanlagen des Ferienparkes Jasmund, in Richtung Bobbin. Es geht leicht bergab. An der Kreuzung mit der Landstraße 50 biegen wir rechts ab und radeln kurz bergauf bis zum Parkplatz. Hier stellen wir unsere Räder ab und ersteigen über die Treppe den Tempelberg. Bei klarer Sicht überblicken wir den Großen Jasmunder Bodden und die Tromper Wiek bis zum Kap Arkona. **Schloss Spyker** und Bobbin liegen uns zu Füßen. Nach dem Genuß der herrlichen Küsten- und Boddenlandschaft radeln wir weiter bergab nach Bobbin. Die Ortsdurchfahrt, etwa 200 Meter, ist gepflastert. Rechts auf der Anhöhe haben wir Gelegenheit, die **Kirche von Bobbin** zu besuchen.

KIRCHE VON BOBBIN

Die um 1400 aus Feldsteinen errichtete Kirche ersetzte den schon 1250 als Bergenscher Klosterbesitz erwähnten Vorgänger. 1649 ging die Kirche nebst Schloss Spyker in den Besitz des schwedischen Generals Carl Gustav Wrangel über. Die wichtigsten Einrichtungsstücke wie Altar, Kanzel und Patronatsloge im Chor hat der General erbauen lassen. Die Fünte aus gotländischem Kalkstein entstammt dem Vorgängerbau, sie entstand um 1300.

Ab Ortsausgang radeln wir leicht bergab (etwa 500 Meter) und biegen hier nach links zum Schloss Spyker ab. Vorsicht, die Landstraße ist stark befahren! Ein schmaler, gut befahrbarer Weg führt uns direkt zu diesem markanten Bauwerk.

SCHLOSS SPYKER

Nach 1318 besaß die Stralsunder Familie von Culpen Spyker, es bestand aus einem Herrenhaus und einem Wirtschaftsgebäude. Um 1400 heiratete Ursula von Culpen Hermann von Jasmund. Spyker blieb bis 1649 im Besitz dieser Familie. Der schwedische General C. G. Wrangel erhielt das Gut als erledigtes Lehen. 1650 erbaute er das Schloss als dreigeschossigen Backsteinbau mit vier von welschen Hauben bedeckten Ecktürmen. 1817 kam das Schloss Spyker in die Hände der Fürsten Putbus. Nach 1945 wurde es als FDGB-Erholungsheim genutzt, heute ist das geschichtsträchtige Haus ein Hotel mit Restaurationen. Von der ursprünglichen Parkanlage ist nichts mehr vorhanden.

Links um das Gebäude herum, über den Schlosshof, erreichen wir das Ufer des Spykerschen Sees. Links haltend, radeln wir auf einem Feldweg am Seeufer entlang, bis von rechts der Weg aus Richtung Glowe einmündet. Nach links, am Ufer des Großen Jasmunder Boddens, fahren wir direkt in den kleinen Ort Polchow. An der Kreuzung mit der Hauptstraße halten wir uns rechts bis direkt zum Boddenufer und biegen hier links ab. Direkt am Hafen von Polchow vorbei, längs dem Ufer des Großen Jasmunder Boddens.

HAFEN VON POLCHOW

Polchow ist ein kleiner Ort der Halbinsel Jasmund und liegt direkt am Großen Jasmunder Bodden. Der kleine, noch vorhandene Hafen war ab 1864 Anlegestelle der Dampferlinie Stralsund – Polchow – Ralswiek. Befahren wurde die Strecke von der Reederei Israel mit dem Schiff „Hertha". Die Reederei überstand den Konkurrenzkampf mit anderen Linien und fuhr auf der Linie Anhalterdienste. Das heißt, wo die Möglichkeit des Anlegens bestand, konnten Passagiere mit Zeichen das Schiff zum Anlegen auffordern. Heute hat der Hafen nur noch für Sportboote eine Bedeutung.

Bei den letzten Häusern vom Ort wechselt der Belag in Naturweg, der uneben bis zum Örtchen Neuhof führt. Hier geht ein etwas breiterer Weg bis Martinshafen, vorbei an der Kriegsgräberstätte, die rechts in einem kleinen Wald verborgen liegt. Der am Hafen von Martinshafen beginnenden Asphaltstraße folgen wir, bis diese links abbiegt. Wir verlassen sie nach rechts und fahren auf einem gut befahrbaren Feldweg entlang. Nach etwa 100 Metern überqueren wir einen kleinen Wasserlauf, den Sargarder Bach. Rechts wird der Blick über den Bodden frei, im Hintergrund sind die Banzelvitzer Berge zu sehen. Der Weg geht in einen Wiesenweg über und ist stellenweise sandig. Am Wald der Semper Heide angekommen, treffen wir auf einen breiten Waldweg. Durch eine Doppelkurve kommen wir nach 50 Metern auf eine Wegkreuzung mit einem Asphaltweg, der von links nach rechts verläuft. Auf diesem Weg biegen wir nach links ein und kommen schnell zur B 96.

Alternative: An der Kreuzung geradeaus weiter, den steilen Waldweg hoch und durch den Wald immer links haltend bis nach Semper. Hier treffen wir auch auf die B 96.

An der Hauptverkehrsader der Insel Rügen fahren wir nach links parallel der Straße bis nach Sagard. Schon von Weitem ist rechts neben der B 96 bei Sagard der **Dobberworth** zu sehen.

DOBBERWORTH

Der Dobberworth ist das größte bronzezeitliche Hügelgrab der Insel Rügen. Es ist 12 Meter hoch und hat einen Umfang von 50 Metern. Um dieses Grabmal ranken sich einige Sagen. Es soll zum Beispiel das Grab einer Riesin sein, das ihr eine andere Riesin errichtet hat. Um 1835 sollen bei Vermessungsarbeiten noch 1640 Gräber gezählt worden sein. In der Bronzezeit wurden die Toten meist verbrannt, der Grabkammerbau ist deshalb nicht mehr so ausgeprägt. Neben der Grabform und der Art der Bestattung lassen auch die Tongefäße und sonstige Beigaben Rückschlüsse auf die jeweilige Technik und Bestattungszeit zu.

Dobberworth

Wir folgen der in Richtung Altenkirchen abzweigenden Landstraße 50 etwa 100 Meter und fahren dann geradeaus in den Ort hinein. Traditionelles Pflaster im Ort begrüßt uns. Im Zentrum angekommen, biegen wir links ab und radeln am Markt vorbei in eine Senke, in der wir wieder den Sagarder Bach überqueren. Den folgenden Anstieg, vorbei am **Box-Sport-Museum**, bis zum Ende der rechts liegenden Friedhofsmauer bewältigen wir am besten auf dem Gehweg mit Rücksichtsnahme auf Fußgänger. Der Boxsport-Fan folgt der Einladung ins Museum. Es ist einmalig in Europa.

SAGARD

Schon 1570 waren in Sagard Gäste anzutreffen. Die mineralische Beschaffenheit des Wassers lockte die Gäste an. Da rundum aber Bequemlichkeit fehlte, verlor Sargard gegen 1760 an Bedeutung für den Fremdenverkehr. Erst 1794 gründeten die Brüder von Willich in der Pastoralkoppel, der heutigen Brunnenaue, die „Brunnen-, Bade- und Vergnügungsanstalt“. Pastor von Willich hatte die Wege nach Stubbenkammer instand setzen lassen, so konnten die Gäste die Schönheit der Insel entdecken. 1807 mit der Besetzung durch die Franzosen ging der Badebetrieb in Sagard ein. 1891 erhielt Sagard den Eisenbahnanschluß auf der Strecke Bergen - Sassnitz. Die St. Michaelskirche von 1250 ist ein spätgotischer Backsteinbau, von dem das Schiff mit seinen Fenstern und Blenden im Oberlicht und den Triumphbögen erhalten blieben. Um 1400 wurde der Chor erneuert und es erfolgte der Anbau des Seitenschiffes. Ende des 13. Jahrhunderts wurde der Westturm errichtet.

BOX-SPORT-MUSEUM

Das Box-Sport-Museum verdankt seine Entstehung der alleinigen Initiative eines begeisterten Boxanhängers, der selbst aktiv war. Leo Weichbrodt hat mit Fleiß, Spürsinn und finanziellen Opfern einen erstaunlichen Überblick über seine Sportart entstehen lassen, die dem Besucher nur Staunen abringen kann. Tausende Exponate des Sports, darunter von Box-Legenden der Geschichte und Welt, werden präsentiert. Faustkämpfer wie Max Schmeling, Manfred Wolke, Henry Maske und Axel Schulz gehören zu den „Gästen“ des Museums.

Gleich hinter dem Friedhof zweigt rechts die Pflasterstraße nach Neddesitz ab. Ein kurzes Stück auf uns bekannter Pflasterstraße fahren wir bis zur Weggabelung. Hier halten wir uns links und rollen auf Asphalt in den Ort hinein.

8. Das Nordkap – auf Rügen ganz oben

Bakenberg (Zentrum) – Nonnevitz – Varnkevitz – Kap Arkona – Vitt – Goor – Nobbin – Reidervitz – Altenkirchen – Gudderitz – Gramtitz – Bakenberg

Streckenlänge:	29 km
Wege:	großer Teil asphaltierter Landweg, befestigten Rad- und Wanderweg geringer Anteil unbefestigte Wald- und Feldwege, teils kurvenreich
Profil:	leicht wellig mit leichten Steigungen und einigen Abfahrten
Bemerkungen:	die Strecke kann an mehreren Stellen abgekürzt werden, Wegweiser beachten

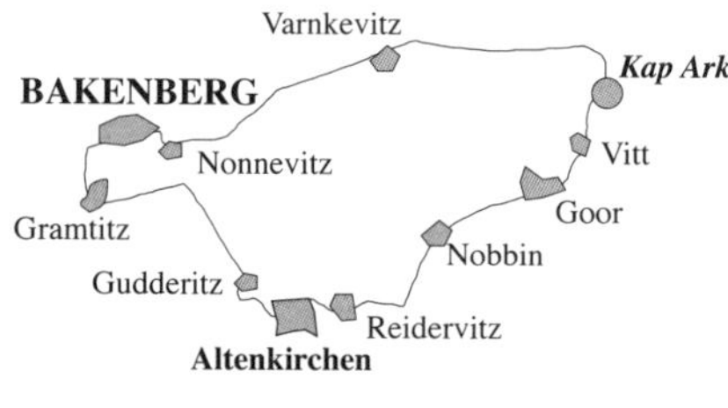

Die Tour beginnt an der Kreuzung im Zentrum des Erholungsgebietes **Bakenberg** der Gemeinde Dranske.

> **BAKENBERG**
>
> Der Bakenberg ist eine Landerhebung, auf der in den Anfängen der Seefahrt offene Feuer als Zeichen für die zurückkehrenden Seefahrer angebrannt wurden. Später wurden die Feuer durch Baken ersetzt, die den gleichen Zweck hatten. Auf den Inseln Rügen und Hiddensee gibt es fünf derartige Bakenberge.

Wir fahren von der Kreuzung vor dem Waldgebiet in Richtung Nonnevitz auf dem beschilderten Rad- und Wanderweg (blauer Balken). Nach 600 Metern, vor dem großen Parkplatz, mündet der Weg auf den asphaltierten Landweg und führt uns vorbei an der Einfahrt vom Regenbogen Resort Nonnevitz bis zu Luigis Caravanserei. Hinter dieser biegen wir rechts ab. Nach ca. 60 Metern kommt eine Weggabelung, wir halten uns links entlang dem Waldrand in Richtung Arkona auf dem Sandweg (Wegweiser). Links in Fahrtrichtung haben wir nun den herrlichen Mischwald Schwarbe und rechts weite Felder mit dem Windpark Schwarbe. Der ausgefahrene Weg ist stellenweise uneben und sandig. Mit etwas Glück können wir hier wechselndes Rotwild und jagende Greifvögel beobachten. Am Abzweig Schwarbe Siedlung fahren wir weiter geradeaus, der Mischwald wechselt nun langsam über zum reinen

Buchenwald. Nach etwa vier Kilometern stoßen wir auf eine Rastmöglichkeit. Hier lohnt sich ein Abstecher zum 20 Meter entfernten Hochufer mit einem schönen Blick auf die See und den steinigen Strand der Nordküste Rügens. Auf dem folgenden Streckenabschnitt können wir entlang dem Hochufer direkt durch den Buchenwald fahren, müssen aber auf die Bäume, Äste und Wurzeln achten. Wer das nicht will, kann auch weiter parallel zum Wald fahren.

Bald endet der Baumbestand für ca. 100 Meter und der Blick wird frei auf die offene See. Ein leichter Anstieg in Richtung Varnkevitz folgt. Hier finden wir, etwas im Gebüsch versteckt, den ersten Abstieg zum Strand der Ostsee. Nun fahren wir den gut befestigten Rad- und Wanderweg in Richtung Arkona (blauer Balken). Am Abstieg „Nordstrand" befindet sich eine Schutzhütte. Rechts geht es in Richtung Putgarten. Unser Weg führt geradeaus, direkt zum Kap Arkona. Links, Richtung Ostsee, finden wir nun eine Holzbarriere, die wir nicht übersteigen sollten – Absturzgefahr! Auf und ab sowie kurvenreich, lässt sich der Weg sehr gut fahren. Haben wir etwa elf Kilometer hinter uns, sind wir am nördlichsten Punkt der Insel Rügen, am Gellort und damit auf dem Flächendenkmal Arkona angekommen. Hier ist auch der Abstieg zum **Siebenschneiderstein**.

Vitter Kapelle

SIEBENSCHNEIDERSTEIN

Der Siebenschneiderstein, in plattdeutsch „Söbenschniedersteen", ist der viertgrößte Findling an der Küste Rügens. Mit 61 Kubikmetern Rauminhalt und einem Gewicht von 165 Tonnen sind 70 Prozent seiner Gesamtheit zu sehen. Sein Name bezieht sich auf seine Größe: es hätten angeblich darauf sieben Schneider auf einmal Platz, um zu arbeiten.

Nach Bewältigung des kurzen Anstieges finden wir rechts eine reetgedeckte Schutzhütte mit Rastplatz, dem nach ca. 25 Metern ein Zaun folgt, der ein Bundeswehrgebiet begrenzt. Erkennungsmerkmale sind die Masten mit verschiedenen Antennen. Wir fahren am Zaun entlang und hier begrüßen uns aus unmittelbarer Nähe die **Leuchttürme vom Kap Arkona**.
Bei der Marinesignal-Station führt rechts der Weg zu den Türmen, die man beide besteigen kann. Der Aufstieg lohnt sich – wir werden mit einem schönen Blick über die Weiten der Ostsee und Richtung Glowe / Lohme belohnt.

LEUCHTTÜRME VOM KAP ARKONA

Mit Lichtsignalen wurden und werden hier Seeleute vor dem weit in die See ragenden Riff gewarnt. Der ältere und kleinere wurde 1829 nach den Plänen von C.F. Schinkel erbaut und in Betrieb genommen, er ist 19,3 Meter hoch. Der jüngere und 36 Meter hohe Turm ist seit 1902 ununterbrochen in Betrieb. Im Schinkelturm befindet sich ein kleines Museum und ständig wechselnde Ausstellungen. Die Leuchttürme gehören zum Flächendenkmal Kap Arkona. Dazu gehören noch der Peilturm, das Leuchtturmwärterhaus, die Jaromarsburg, das Fischerdorf Vitt mit der achteckigen Kapelle, der Rügenhof Arkona sowie die Seenotrettungsstation von Putgarten als wichtigste Bauwerke.

Wer allerdings nicht hoch hinaus will, sondern zur See direkt, kann die „Königstreppe vom Kap Arkona“ benutzen. Vom Fuße der Treppe kann man um das Kap am Strand entlang, vorbei am Kosegartenstein, wandern. Südlich der **„Jaromarsburg“** kommen wir über die „Veilchentreppe“ wieder nach oben.

JAROMARSBURG

Etwa 50 Meter über dem Meeresspiegel errichteten die Slawen am Kap Arkona ihren Kulttempel für die Gottheit Swantevit. Zur Seeseite war die Feste durch steile Ufer geschützt, zur Landseite wurden Wälle errichtet, die heute noch zu sehen sind. Mit dem Fall von Arkona, der Eroberung der gewaltigen Tempelburg durch den Dänenkönig Waldemar I. und den Bischof Absalon von Roskilde im Jahre 1168, begann die Christianisierung der wendischen Bevölkerung.

Wenn wir dem blauen Wegzeichen folgend am Peilturm und an der Jaromarsburg weiterfahren, kommen wir nach einem Kilometer an eine Weggabelung kurz vor dem Fischerdorf Vitt. Wir folgen dem befestigten Weg rechts bis zum Wendeplatz der Arkona-Bahn. An der öffentlichen Toilette biegen wir links zur **Kapelle Vitt** ab. Der Besuch des Dörfchens und der Kapelle sind einfach Pflicht. 13 reetgedeckte Häuser, eins davon ist eine urige Gaststätte, laden zum Verweilen ein.

VITT UND SEINE KAPELLE

Vitt war ein sehr bedeutender Fischhandelsplatz, von dem der Heringshandel bis in die Alpen erfolgte. In der oberhalb des Ortes liegenden achteckigen Kapelle wurden die Ufergottesdienste für die Fischer durchgeführt. Die Kapelle wurde 1806 auf Initiative des Altenkirchener Pastors und Dichters Ludwig Theobul Kosegarten errichtet. Heute finden hier Gottesdienste und kulturelle Veranstaltungen statt.

Nach dem Besuch des Ortes fahren wir dem blauen Balken folgend weiter in Richtung Juliusruh. Knapp 40 Meter fahren wir über Kopfsteinpflaster, dem dann betonierte, nahtlose Spurplatten folgen. Ein leichter Anstieg bringt uns zum Ort Goor. Die Ortsdurchfahrt ist wieder ein befestigter Landweg. Nach einem weiteren Anstieg kommen wir zum Abzweig Putgarten / Juliusruh. In Richtung Juliusruh fahren wir am Hof Kracht vorbei und erreichen nach einem Kilometer das **Großsteingrab Nobbin**.

GROßSTEINGRAB NOBBIN

Diese Steine sind eine jungsteinzeitliche Begräbnisstätte, auch „Riesenberg“ oder „Räsenbarg“ genannt und etwa 5000 Jahre alt. Zwei 34 Meter lange Reihen trapezförmig gesetzter Steine bilden das Hünenbett. Im Südwesten ragen die 2,50 Meter hohen Ecksteine, die Wächtersteine auf.

Wir halten uns längs dem Hochufer und fahren nun gemütlich, mit guter Sicht über die Tromper Wiek, bis Glowe und Lohme in Richtung Juliusruh weiter. Wenn links der Abstand zum Hochufer breiter wird, verlassen wir den Weg nach rechts. Der Wegweiser gibt uns Altenkirchen als Richtung an. Der Plattenweg führt uns vorbei an den ehemaligen Gütern Reidervitz und Presenske zum zentralen Ort der Halbinsel. Wir erreichen die Straße Altenkirchen – Putgarten. Vorsicht, diese Straße ist stark befahren! Unser Weg führt uns nach links in den Ort, über die Max-Reimann-Straße. An der ersten Straßengabelung, die Hauptstraße biegt links ab, können wir die Ateliergalerie von Hanne Petrick besuchen. Graphiken, Malerei und Keramik aus ihrer Hand sind beliebte Mitbringsel von der Insel. Zurück zur Max-Reimann-Straße fahren wir links weiter. Hier benutzen wir besser den Bürgersteig, denn das Pflaster läßt sich sehr schlecht fahren. Vorbei an der Gaststätte „Zur Post“, an der Post und der Fleischerei kommen wir auf den Markt. Hier haben wir Gelegenheit, einen der ältesten Kirchenbauten an der Ostseeküste zu besichtigen: **die Kirche von Altenkirchen**.

Nach dem Besuch der Kirche fahren wir etwa 50 Meter zurück und biegen links in die Werner-Seelenbinder-Straße in Richtung Wiek ein. Kurz vor dem

KIRCHE ALTENKIRCHEN

Die Kirche ist ein um 1200 im romanischen Stil begonnener Backsteinbau. Sie hat eine dreischiffige Halle, Chor und Apsis sind außen ungewöhnlich schmuckvoll verziert. In der Ostwand befindet sich ein Grabstein, der einer slawischen Grabstätte entstammt. Wahrscheinlich stellt die abgebildete Figur den Ranengott Swantevit dar. Auf dem alten Friedhof direkt neben der Kirche befindet sich die Grabstätte von Pfarrer und Dichter L. T. Kosegarten (1758–1818).

Ortsausgang sehen wir links die alten Lokschuppen, die letzten noch stehenden Gebäude der ehemaligen Endstation der Rügenschen Kleinbahnlinie Bergen – Altenkirchen. Am Ortsausgangsschild beginnt wieder gut befahrbare Asphaltstraße. Dieser folgen wir bis zum Ort Gudderitz, kurz hinter dem Ortsschild biegen wir rechts ab, Richtung Nonnevitz (Wegkennzeichen: gelber Balken). Über uns schon bekannte Betonspurplatten geht es nun durch weite Felder bis zur Nonnewitzer Kreuzung, hier verlassen wir den mit gelben Balken gekennzeichneten Weg nach links in Richtung Bakenberg (ohne Kennzeichen). Über den asphaltierten Landweg kommen wir bis zum Ort Gramtitz, hier halten wir uns rechts und lassen den Ort links liegen. Am Abzweig Bakenberg (rechts abbiegende Hauptstraße) fahren wir über die Kreuzung, um den links neben der Straße angelegten Rad- und Wanderweg zu nutzen. Der letzte kleine Anstieg bringt uns zum Ausgangs- und Endpunkt unserer Tour. 29 Kilometer erlebnisbetontes Radwandern liegen hinter uns.

Strand bei Nonnewitz

9. Bodden – Fischer – Fähre

Breege/Juliusruh – Altenkirchen – Gudderitz – Wiek – Zürkvitz – Wittower Fähre – Bischofsdorf – Parchow – Lobkevitz – Breege/Juliusruh

Streckenlänge:	29,5 km
Wege:	durchweg asphaltierte und befestigte Wege und Straßen
Profil:	eben
Bemerkungen:	die Strecke kann an mehreren Stellen abgekürzt bzw. verändert werden, Wegweiser beachten

Wir beginnen die Tour am Parkplatz in Breege/Juliusruh, der direkt am **Park von Juliusruh** liegt. In Richtung Altenkirchen, vom Ort Breege abgewandt, fahren wir direkt in den Park hinein und durch diesen hindurch. Nach 400 Metern verlassen wir die Anlage, halten uns rechts und überqueren die Hauptstraße am Ortsausgang von Juliusruh. Nach links, auf dem Bürgersteig, fahren wir weiter. (Achtung Straße ist stark befahren!) Wir erreichen nach insgesamt 900 Metern hinter den Abzweig Drewoldke, den wir überqueren.

PARK VON JULIUSRUH

Julius von der Lancken, gründete im Jahre 1795 seinen Landsitz Juliusruh und legte dort den herrlichen Park an. Zum damaligen Landsitz gehörten neben dem Park, ein Wohnhaus mit verschiedenen Gebäuden und Nebengelassen. Heute erinnert nur noch ein Gedenkstein und der herrliche Park, teils im englischen und französischen Stil angelegt, an diese Anlage. Aber für Entspannung und Erholung bietet er seinen Gästen auch heute herrliche Ecken zum Verweilen.

Ab diesem Punkt folgen wir der Wegemarkierung des Kreiswanderweges mit dem weißen Zeichen der Insel Rügen. Der Rad- und Wanderweg ist gut befahrbar, wir folgen ihm bis Altenkirchen. Am Abzweig Putgarten überqueren wir die Straße und fahren in den Ort hinein. Wir fahren durch die Ernst-Thälmann-Straße, biegen rechts in die Straße des Friedens ein und gelangen zum Karl-Marx-Platz. Hier erreichen wir die **Kirche von Altenkirchen**. Die Straßen im Ort sind gepflastert. Nach der Besichtigung der Kirche setzen wir unsere Fahrt in Richtung Dranske, links abbiegend durch die Werner-Seelenbinder-Straße fort. Ab dem Ortsausgang von Altenkirchen befahren wir wieder Asphaltstraße.

Wir erreichen den Abzweig Gudderitz, hier halten wir uns rechts und durchfahren den Ort, immer der Wegweisung „Wittower Fähre" folgend. Wenn wir wieder auf die Hauptstraße stoßen, biegen wir kurz vorher rechts auf den Kreiswanderweg ein. Das Amt Wittow in Lanckensburg lassen wir links liegen und kommen zum Wieker Dreieck. An diesem Abzweig, der rechts nach Dranske führt, überqueren wir wieder die Straße. (Vorsicht! Starker Verkehr im Sommer).

Nun fahren wir durch Felder und sumpfige Wiesen auf historischem Boden. Der Weg führt über den ehemaligen Damm der Rügenschen Kleinbahn. Hier verkehrte zwischen 1896 und 1968 die Kleinbahn auf der Strecke Wittower Fähre – Altenkirchen. Es bietet sich uns ein herrlichen Blick auf den Wieker Bodden, bis Dranske und Hiddensee.

Kurz vor Wiek erreichen wir eine Schutzhütte, an der rechts der Weg nach Kuhle/Dranske abzweigt und links nach Wiek. Dem folgen wir und kommen am Ortseingang auf die als Promenade ausgebaute Straße der Jugend. Die direkte Fahrt entlang des Boddens ist ein Genuß. Vorbei am idyllisch gelegenen Feriendorf, an der Surferwiese, am Sportplatz und den ersten Wohnhäusern von Wiek führt uns der Weg zum Zentrum des Ortes. Zahlreiche Bänke entlang dem Boddenufer laden zum Verweilen ein. Ehe wir die Hauptstraße von Wiek erreichen, können wir rechts zum Hafen des ehemalig reichen Fischerdorfes abbiegen. Hier finden wir auch die **„Kreideladebrücke"**, die ein Baudenkmal aus der Zeit des 1. Weltkrieges ist.

KREIDELADEBRÜCKE

Dieses Bauwerk wurde um 1914 erbaut, um die Kreide, die am Kap Arkona abgebaut werden sollte, im Hafen von Wiek zu verladen. Aus Geldmangel und wegen des Krieges wurde das Vorhaben verschoben, als Geld zur Verfügung stand wurde Arkona zum Landschaftsschutzgebiet erklärt und damit war das Projekt vom Tisch. Heute ist diese Brücke im Hafen von Wiek ein Baudenkmal.

Ab Hafen Wiek haben wir die Möglichkeit in den Sommermonaten mit einem Fahrgastschiff nach Hiddensee überzusetzen. Fahrräder werden mitgenommen.

Vom Hafen wenden wir uns Richtung Ortszentrum, wo wir die Kirche St. Georg finden. Sie liegt direkt an der Hauptstraße, der wir nach der Besichtigung in Richtung Wittower Fähre weiter folgen.

KIRCHE ST. GEORG

In slawischer Zeit war Wiek Standort eines Burgwalls und vermutlich Handelsmittelpunkt. Eine Kirche ist seit 1318 belegt. Der heutige Backsteinbau entstand in mehreren Abschnitten seit der Zeit um 1400. Chor und Sakristei waren ein erster Bauabschnitt, das kreuzgratgewölbte Langhaus wurde wenig später angefügt. Die Vorhalle vor der Priesterpforte und eine Gruft folgten. Anstelle eines zuvor zerstörten Dachturmes entstand um 1600 der freistehende Glockenturm. Die Kalksteinfünte stammt aus dem 13. Jahrhundert. An einer vollplastischen Holzfigur des Ritters Georg zu Pferde, einem ebenfalls spätmittelalterlichen Werk, hat sich zum größten Teil die ursprüngliche Farbfassung auf einem Kreidegrund über Leinwand erhalten. Der barocke Altaraufsatz der Kirche wurde 1747/48 von Michel Müller aus Stralsund geschaffen. Gestühl, Kanzel und Emporen sowie die Orgel stammen aus dem 19. Jahrhundert.

Vorbei an einem Autohaus, einem Fotoladen und dem Hafen-Café erreichen wir bei der Raiffeisenbank den wieder gekennzeichneten Kreiswanderweg. Dazu müssen wir die Straße nach links überqueren. In Richtung Ortsausgang liegt rechts das bekannte **Kinderkurheim** von Wiek, heute Reha-Klinik für Mutter und Kind.

KINDERKURHEIM

Diese Kindereinrichtung wurde 1920 durch die Landesversicherungsbehörde Sachsen in den ehemaligen Gebäuden des Fliegerhorstes eingerichtet und betrieben. Hier, in der herrlichen jodhaltigen Luft, erholten und erholen sich jährlich viele Kinder, besonders aus Industrieballungsgebieten. In DDR-Zeiten war es eines der größten Einrichtungen seiner Zeit. Nach 1990 übernahm das Heim die AOK Sachsen und sanierte alle Gebäude. Jetzt ist es eine moderne Klinik, die „Weiße Kinderstadt am Bodden“.

Hinter dem Ortsausgangsschild, direkt an der Bushaltestelle Zürkvitz, überqueren wir wieder die Straße und folgen dem Zeichen nach rechts durch Zürkvitz hindurch. Die Durchfahrt ist uneben aber nicht länger als 150 Meter. Direkt am Bodden beginnt wieder der aufgebaute Kreiswanderweg in Richtung Wittower Fähre. Entspannt rollen wir direkt am Ufer mit herrlichem Blick über das Boddengewässer zur Halbinsel Bug. Auf der linken Seite breiten sich weit übersehbare Felder mit den riesigen Windgeneratoren des Windparkes Parchow aus. Im Frühjahr bzw. Herbst rasten auf diesen Feldern unzählige Zugvögel, vorwiegend Gänse. Ehe der Weg in ein kleines Wäldchen eintaucht, finden wir wieder eine Schutzhütte. Fortsetzung des

Kirche von Altenkirchen

Weges durchfahren wir nun etwa 1000 Meter Wald. Etwa 400 Meter nach dem Wald stoßen wir auf den ehemaligen Hafen Vansevitz. Hier befindet sich ebenfalls eine Schutzhütte mit Rastmöglichkeit. Wir folgen dem Weg entlang dem Ufer zur **Wittower Fähre**, die wir nach 17 Kilometern Fahrt erreichen.

Alternative: Wir fahren nicht bis zur Fähre und biegen bei Vansevitz links ab, Richtung Bischofsdorf/Breege.

WITTOWER FÄHRE

Seit 1896, mit Inbetriebnahme der Kleinbahnstrecke Bergen - Altenkirchen in Betrieb. Sie diente dem Übersetzen von Güterwaggons der Kleinbahn und Personen, die mit der Bahn von Bergen nach Altenkirchen wollten. Nach dem Abbau der Strecke 1968, dienten die Fährschiffe zum Übersetzen von PKWís und Personen. Seit 1993 fahren neue Schiffe mit größerer Kapazität und Fahrzeuge aller Art. Die alten Schiffe sind technische Denkmale und eins davon liegt am alten Anleger gleich neben dem Neuen.

Nach einer kleinen Rast, in der wir den Fährverkehr beobachten, setzen wir unsere Fahrt auf der Straße in Richtung Wiek fort (Vorsicht! ca. 5 Kilometer reger Verkehr im Fährrhythmus, vor allem im Sommer). Auf der ausgeschilderten Strecke durchfahren wir Fährhof und Bischofsdorf. In Parchow biegt die Hauptstraße links nach Wiek ab. Wir halten uns rechts auf der nun weniger befahrenen Straße in Richtung **Breege**. An den Straßenrändern finden wir hier je nach Jahreszeit Riesenbärenklau (Vorsicht! Nicht berühren! Giftig!). Diese riesigen Pflanzen beeindrucken immer wieder und reizen als Mitbringsel. Bitte unterlassen Sie jede Berührung mit den Pflanzen im Interesse Ihrer Gesundheit.
Der Straße folgend, fahren wir an Woldenitz und Schmantevitz vorbei, durch Lobkevitz hindurch und nun wird wieder der Blick in Richtung Bodden frei. Dieses Mal sehen wir den Breeger Bodden und weit in den Großen Jasmunder Bodden hinein. Nach rund 27 Kilometern erreichen wir das Ortseingangsschild von Breege.

BREEGE

Das Fischerdorf war einstmals einer der drei Haupthäfen Wittows. Kapitänshäuser aus dem 18. und 19. Jahrhundert künden vom Reichtum der Schiffsführer zur damaligen Zeit. Heute hat Breege und sein Hafen vor allem Bedeutung für Wassersportler und Fahrgastschiffe. Von hier fahren u.a. Schiffe nach Hiddensee oder zu den Störtebeker-Festspielen in Ralswiek. Boddenrundfahrten werden vom Frühjahr bis Herbst auch angeboten. Segel- und Surf-Fans kommen in Breege voll auf ihre Kosten. Als Seebad entwickelt sich der Ort mit seinem Ortsteil Juliusruh zu einem Gästemagnet.

Die Ortsdurchfahrt beginnt mit ca. 60 Metern furchtbarem Kopfsteinpflaster. Hier sollten wir uns weit rechts halten, um einigermaßen gut fahren zu können. Der Hauptstraße folgend, fahren wir nun auf neuem Pflaster rechts in den Ort hinein. Nach 100 Metern sehen wir die Zufahrt zum Hafen von Breege. Hier finden wir reges Treiben vor. Segelboote, Fahrgastschiffe und viele Menschen beleben je nach Jahreszeit die Hafenatmosphäre. Die rechte Hafenseite wird durch eine Ferienanlage begrenzt. Beim Hafenmeister erhalten wir Informationen über Möglichkeiten einer kleinen „Seefahrt“.
Auf der Weiterfahrt durch den Ort kommen wir an altehrwürdigen und neuen Häusern vorbei. Wenn die Hauptstraße rechts abbiegt, fahren wir geradeaus weiter. Nach 500 Metern treffen wir auf den Park von Juliusruh und auf den Parkplatz, von dem wir gestartet sind. Eine schöne Radtour findet ihr Ende.

10. Rund um die größte Insel Deutschlands

Streckenlänge: 249 km
Wege: Nebenstraßen, ausgebaute Radwege, Feld- und Waldwege, wenig Hauptverkehrsstraße
Profil: überwiegend flach und eben, hügelig, im Ostteil der Insel bergig
Bemerkungen: es sind an vielen Stellen Steckenänderungen möglich

1. Abschnitt: *Rügendamm – Altefähr – Grahler Fähre – Nesebanz – Gustow – Sissow –Poseritz – Groß Schoritz – Garz – Putbus – Lauterbach – Groß Stresow – Fünffingerweg – Moritzdorf – Alt Reddevitz – Middelhagen – Lobbe – Klein Zicker – Thiessow (67 km)*

Wir haben den Rügendamm über den Strelasund überquert und fahren auf die erste Kreuzung der Insel zu. An dieser biegen wir rechts in Richtung Putbus ab. Gleich hinter dem Eisenbahnviadukt biegen wir scharf rechts ein und rollen zum Sundufer.

Entlang dem Ufer bis Grahler Fähre und von dort bis zur Straße zurück. Die Straße, es ist die alte Bäderstraße, überqueren wir und fahren nun auf dem ehemaligen Damm der Rügenschen Kleinbahn durch Nesebanz bis **Gustow**. Dieser Radweg ist ausgebaut und fährt sich gut.

INSEL RÜGEN

Die Insel Rügen ist mit 926,4 Quadratkilometern die größte Insel Deutschlands. Ihre größte Ost-West-Ausdehnung beträgt 46,8 Kilometer und die Nord-Süd-Ausdehnung beträgt 51,4 Kilometer. An Binnen- und Boddenküste kommen insgesamt 576 Kilometer zusammen. Der nördlichste Punkt der Insel ist Gellort, der südlichste Palmer Ort, der westlichste Gellen (Hiddensee) und der östlichste Nordperd. Die höchsten Erhebungen sind der Pikberg (161 m), der Königsstuhl (117,7 m) und der Tempelberg der Granitz mit den Jagdschloss (107 m). Die Jahresmitteltemperatur beträgt 7,8 Grad Celsius, es herrscht Seeklima vor. Das Niederschlagsmittel liegt bei 580 Millimetern. Neben der Hauptinsel gehören noch die Inseln Hiddensee, Ummanz, Pulitz, Vilm, Öhe, Fährinsel, Libitz, Urkevitz, Heuwiese und Liebes zum Landkreis Rügen. Kreisstadt ist Bergen.

Über Sissow, Poseritz, Neparmitz und Puddemin erreichen wir nach mehrmaligem Überqueren der Straße, dem Weg folgend, die Kreuzung der Straße Garz – Zudar. Hier geht es in Richtung **Groß Schoritz** weiter und damit verlassen wir für kurze Zeit die ehemalige Kleinbahnstrecke. Durch den Ort, am Abzweig Schabernack halten wir uns links, fahren durch Schabernack, an Dumsevitz vorbei, in Wendorf an die Hauptstraße zurück. Nach dem Überqueren geht es entlang dem Garzer See zum Ortseingang von **Garz,** der ältesten Stadt Rügens.

Teilweise durch die Stadt, verläuft die alte Kleinbahnlinie an der Ausfallstraße in Richtung Sehlen nach rechts. Durch Wald und Wiesen, über Ketelshagen und Güstelitz kommen wir nach **Putbus**, der Stadt der rügenschen Fürsten. Wir radeln zum Circus, der sich im Zentrum der Stadt befindet und von dort folgen wir dem Hinweis in Richtung Lauterbach. In Lauterbach angekommen, zweigt links eine kleine Straße von der Hauptstraße ab, sie führt zum **Badehaus Goor** unserem nächsten Ziel. Am Badehaus halten wir uns links und fahren in den Wald Goor hinein. Der Weg (Kennzeichen blauer Balken) wird etwas schmaler und schlängelt sich durch die Bäume bis hinunter zum Ufer des Rügischen Boddens. Wenn der Ort Freetz links in Sicht kommt, biegen wir rechts ab, radeln an Muglitz vorbei nach Groß Stresow hinein. An der Wegkreuzung folgen wir dem gelben Balken in Richtung Lancken-Granitz. Durch die Stresower Tannen mit den **Ziegensteinen** kommen wir am Fünffingerweg an. Ein mächtiger Baum steht in der Mitte der Weggabelung, ein Rastplatz und eine große Orientierungstafel stehen uns zur Verfügung. In Richtung Seedorf (grüner Balken) geht es weiter. Durch das Örtchen Preetz kommen wir an die Brücke von Seedorf, die uns über den Lanckener Bek in den Ort bringt. Links abbiegend fahren wir bis zum Ortsausgang und biegen rechts nach Moritzdorf ab. Dem folgenden steilen Anstieg auf dem Feldweg folgt eine kurze Strecke auf der Höhe, um dann steil nach Moritzdorf hinunter zu rollen. Unten angekommen, biegen wir rechts auf der Straße ab und fahren in den Ort hinein. Die kleine Personen- und Fahrradfähre bringt uns hinüber zum Bollwerk Baabe. Nun geht es rechts am Ufer des Having entlang (roter Balken) bis zum Campingplatz Alt Reddevitz. Ab hier folgen wir dem Wegweiser nach Middelhagen. An Mariendorf vorbei geht es auf der Straße nach Middelhagen hinein und kurz vor der Kreuzung mit der Hauptverkehrsstraße führt rechts ein ausgebauter Radweg über den Damm. Diesen radeln wir am Lobber Schöpfwerk vorbei bis zum Campingplatz Lobbe, um hier im Küstenwald bis Thiessow zu fahren. Wer noch Muse hat, radelt bis Klein Zicker weiter und kommt dann nach Thiessow zurück. Der erste Abschnitt unserer Rundfahrt ist geschafft.

Ziegensteine

2. Abschnitt: *Thiessow – Lobbe – Göhren – Baabe – Sellin – Jagdschloss Granitz – Binz – Mukran – Sassnitz – Hagen – Königsstuhl – Lohme – Blandow – Bisdamitz – Schloss Spyker – Glowe (59 km)*

Den ausgebauten Radweg, den wir durch den Küstenwald von Lobbe gekommen sind, fahren wir zurück. In Lobbe halten wir uns rechts und fahren über eine herrliche neue Pflasterstraße nach **Göhren** (roter Balken). Bei Göhren führt uns der Weg über eine kleine Steigung zur B 196. Diese überqueren wir und fahren durch den Wald weiter. Über die Straße zum Göhrener Bahnhof und die Gleise der Kleinbahn geht es durch den Wald der Baaber Heide bis nach Baabe. An der Kirche biegen wir links in die Einbahnstraße über die Gleise, um gleich wieder rechts der B 196 in Richtung Sellin zu folgen. Ab Ortsausgang von Baabe verläuft der ausgebaute Radweg parallel zur Straße bis zum Ortseingang von **Sellin**. Über die Ostbahnstraße, die in einer Linkskurve in die Granitzer Straße mündet, fahren wir über zwei Kreuzungen im Ort bis zum Ende der Granitzer Straße. Die Kennzeichnung grüner Balken weist uns ab hier den Weg in den Wald der Granitz. Parallel zur Strecke der Rügenschen Kleinbahn fahren wir an zwei Weggabelungen vorbei, wobei wir an der zweiten den Weg mit grünen Balken verlassen und geradeaus auf dem mit dem roten Balken gekennzeichneten weiterzufahren. In einer Senke trennen sich die Gleise vom Weg und wir bewältigen eine Steigung bis zur Gabelung. Hier halten wir uns links und fahren bis zum Nationalparkamt Rügen. Rechts geht es eine kurze steile Anhöhe zum 103 Meter hohen Tempelberg hinauf. Das **Jagdschloss Granitz** auf dem Gipfel ist erreicht. Die asphaltierte Abfahrt nach Binz sollten wir vorsichtig nehmen, es verkehrt hier der „Jagdschloss-Express“ für die Besucher. In Binz angekommen fahren wir vorbei am Bahnhof der Kleinbahn, durch das Zentrum bis zum Busbahnhof. Hier halten wir uns rechts zum Bahnhof der Deutschen Bahn AG, an diesem vorbei bis zum Dünenpark. Am Ortsausgang beginnt parallel der Bundesbahngleise ein neuer Radweg. Auf diesem radeln wir nach Prora. Am Ortseingang biegen wir gleich rechts ab und fahren zum Koloß von **Prora**. An diesem fahren wir nach links entlang bis zum großen Parkplatz. Hier müssen wir nach links bis zu den Gleisen zurück und biegen rechts wieder auf den Radweg ein. Dem Hinweisschild **„Eisenbahn- und Technik-Museum"** folgend, geht es rechts etwa 100 Meter bis zur Kreuzung und dann links in die Mukraner Straße hinein. Hier geht der Radweg in normale Straße über. Der Straße folgen wir bis zum Hinweisschild „Rechts abbiegen". Nach einem kurzen Stück kommen wir zum unvollendeten Teil der KdF-Anlage Prora. Wieder links haltend, fahren wir nun an Zäunen und Holzsperren vorbei bis zum Parkplatz für Strandbesucher. Am Ende des Parkplatzes, vor einem Erdwall, biegen wir nach links über einen Betonplattenweg ab, dem Radwegweiser folgend kommen wir kurz vor Mukran auf die Straße, (Vorsicht! Stark befahren!), der wir in den Ort folgen. Durch Mukran durch, am größten Fährhafen der Ostseeküste vorbei, leicht bergauf bis zur Ampelkreuzung in Sassnitz-Lancken. Über die Kreuzung geradeaus, über den Bahnübergang, hinter dem halblinks die Straße nach Buddenhagen leicht bergauf geht. Am Ortsausgang der Stadt führt der ausgebaute Radweg parallel der Straße bis Buddenhagen. (Achtung! Wir befahren nun das Gebiet des Nationalparkes Jasmund. Die gekennzeichneten Wege nicht verlassen!) Wenn wir den Ort erreicht haben, zweigt links unser Waldweg Richtung Rusewase ab (roter Balken). Jetzt geht es bergauf und bergab durch den Wald der Stubnitz, der zum **Nationalpark Jasmund** gehört. Wenn wir auf die Zufahrtsstraße nach Rusewase treffen, biegen wir rechts auf sie ein, fahren auf der Pflasterstraße bis zum nächsten Abzweig und biegen hier links Richtung Königsstuhl ab. Der Waldweg ist nun gepflastert und führt uns links am Pikberg (161 m), der höchsten Erhebung der Insel Rügen, vorbei nach Hagen. Vor Hagen geht es aber bergab bis zur stark befahrenen Straße Hagen – Sassnitz. Nach rechts radeln wir etwa 600 Meter bis zum Abzweig Stubbenkammer, den wir nach links folgen. Die Asphaltstraße, nur Busse dürfen fahren, bringt uns direkt zum **Königsstuhl**, dem Wahrzeichen der Insel Rügen. Von hier fahren wir etwa 500 Meter zurück und biegen rechts in den gepflasterten Waldweg Richtung Ranzow ein. Er ist mit einem Quadrat blau-weiß senkrecht halbiert gekennzeichnet. An der Weggabelung haben wir die Möglichkeit den Herthasee und die Herthaburg zu besuchen. Dieser kurze Ausflug muß zu Fuß erfolgen, die Räder können wir an der Weggabelung abstellen. Dem Pflasterweg folgend, nehmen wir an der nächsten Abzweigung den rechten Weg und fahren auf dem Waldweg bis zum Waldrand der Stubnitz.

Jetzt verlassen wir den Nationalpark Jasmund und rollen leicht bergab über einen Wiesenweg nach Ranzow hinein. Der Straße folgend, fahren wir rechts in den am Steilufer gelegenen Ort Lohme hinein. Aspahlt wechselt im Ort zu Pflaster. Ab Ortsausgang fahren wir eine schmale Straße bis bis zum Abzweig, an dem wir uns nach rechts auf die stark befahrene Straße wenden.

Schloß Spyker

Durch die kleinen Orte Blandow, Nardevitz, **Bisdamitz** und Baldereck kommen wir nach etwa 5,5 Kilometer an die Landstraße Sagard – Altenkirchen. Wir radeln nach links und erreichen auf der stark befahrenen Landstraße nach etwa 500 Metern vor der Linkskurve einen Abzweig, der rechts weggeht. Das **Schloss Spyker** ist als markanter Punkt unsere Orientierung, auf das wir geradewegs zufahren. Wer bereits hier im Schloss nächtigen möchte, sollte sich vor allem im Sommer langfristig anmelden. Direkt am Ufer des Spykerschen Sees entlang radeln wir über einen Feldweg bis zur nächsten Weggabelung. Hier biegen wir rechts in Richtung Glowe ab, fahren auf einem sehr schmalen Weg weiter, überqueren eine kleine Brücke zwischen Spykerschem- und Mittelsee und erreichen von dichten Sanddornsträuchern umgeben, eine Lichtung. Nach links umrunden wir das Grundstück und fahren dann rechts haltend in den Wald hinein. Ein Hinweisschild hilft uns bei der Orientierung. Nach Verlassen des kurzen Waldstückes, vorbei an links des Weges liegenden weiten Wiesen, erreichen wir Altglowe. Der am Tromper Wiek liegende idyllische Ort ist das Ziel unseres Tagesabschnittes.

BISDAMITZ

Das 1314 erstmals genannte „Bisdomitze" gehörte im 15. Jahrhundert dem Stralsunder Ratsherrn Bertram von Lübeck und dem Bürgermeister Möller. Beide Teile gelangten 1486 und 1498 in den Besitz der Stralsunder Marienkirche (bis 1782). In Bisdamitz wurde 1843 Franziska Tiburtius, erste deutsche Ärztin geboren. Sie gründete die erste deutsche Frauenklinik mit ausschließlich Ärztinnen in Berlin. Heute arbeitet ein Öko-Bauerhof in Bisdamitz sehr erfolgreich. Seine Produkte sind sehr gefragt.

3. Abschnitt: *Glowe – Juliusruh – Nobbin – Vitt – Kap Arkona – Nonnevitz – Bakenberg – Lancken – Dranske – Kuhle – Wiek – Wittower Fähre – Vaschvitz – Poggenhof – Schaprode (58 km)*

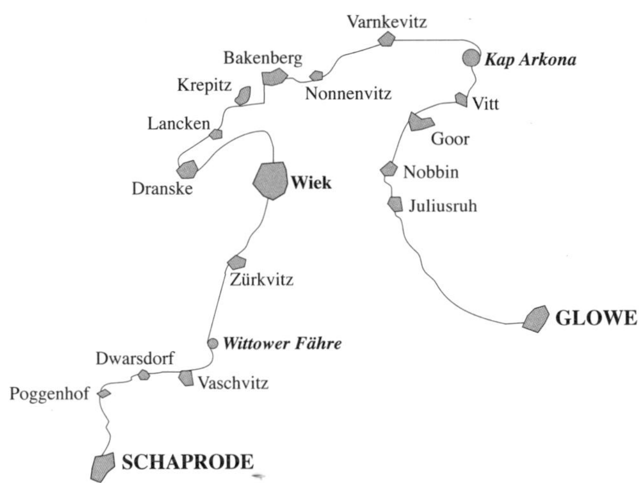

Den Ort Glowe verlassen wir in Richtung Halbinsel Wittow über die Schaabe. Der gut ausgebaute Radweg verläuft parallel zur Straße, überquert diese einmal (Vorsicht!) und bringt uns direkt nach Juliusruh, den Ortsteil von Breege, der an der Ostsee liegt. An der Zufahrtsstraße nach Breege, die links abzweigt, folgen wir dieser bis zu den Feriendörfern. Vor dem rechts liegenden Dorf führt unser Weg rechts am Waldrand entlang, bis zur Straße gegenüber dem Festplatz von Juliusruh. Kurz nach links und dann rechts über den Parkplatz in den **Park von Juliusruh** hinein. Wenn wir den Park verlassen, überqueren wir nach rechts die Straße und radeln auf dem Fußweg bis zur Bushaltestelle Drewoldke. Nach rechts, in den abzweigenden Weg hinein und nach dem Wald direkt entlang dem Hochufer bis Nobbin (blauer Balken). Der Spurplattenweg gabelt sich nach Nobbin noch einmal, wir halten uns rechts nach dem Kap Arkona. Die markanten Türme des Kaps sind schon sichtbar. Der leicht hügelige Weg führt uns am **Fischerdorf Vitt** vorbei, direkt zur **Jaromarsburg** am Kap.

Das Flächendenkmal Arkona ist PKW-frei, nur die „Arkona-Bahn“, Pferdekutschen, Radler und Wanderer begegnen uns. An den Leuchttürmen rechts vorbei, führt der ausgebaute Rad- und Wanderweg am Hochufer entlang nach Varnkevitz. Auf dem Weg finden wir mehrere Schutzhütten und Rastplätze vor. Ab Varnkevitz geht ein Feld- und Waldweg leicht bergab und dann am herrlichen Buchenwald entlang. bis Nonnevitz. Links liegen die Ortschaft

Schwarbe und der dazugehörige Windpark. In Nonnevitz bleiben wir rechts und radeln wieder etwa 60 Meter am Waldrand entlang bis links ein asphaltierter Landweg abzweigt, dem folgen wir. Vorbei am großen Parkplatz kommen wir auf dem links parallel führenden Radweg. An der Kreuzung biegen wir links ab und fahren am Feriendorf vorbei bis zum Abzweig. Unsere Tour geht rechts weiter bis zur Gabelung Kreptitz an der wir links abbiegen und nach Lancken fahren. Die Ortsdurchfahrt ist gepflastert. Am Park von Lancken angekommen, halten wir uns rechts in Richtung **Dranske**, wo wir nach etwa drei Kilometern ankommen.

DRANSKE

1314 wurde „Dranzeke" erstmals urkundlich erwähnt. Reste slawischer Siedlungen wurden im Ortsteil Gramtitz und Kuhle gefunden. Seit 1455 wird in der urigen Gaststätte „Schifferkrug" in Kuhle Bier ausgeschenkt. Nach dem Dreißigjährigen Krieg wurde Dranske ein Büdner- und Katendorf. Fischerpacht, Seenotrettung, Schiffsbergung und aufkommender Fremdenverkehr brachten den Dranskern Lohn und Brot ein. 1683 wurde der Liniendienst Stralsund - Bug - Ystad (Schweden) eingerichtet. Das Posthaus auf dem Südbug wurde bis 1895 genutzt. Seit dem 1. Weltkrieg weicht die Geschichte Dranskes von den anderen Orten der Insel ab. Das Militär zog ein und war mit kurzen Unterbrechungen bis 1990 vorherrschend. Anfang der 30er Jahre wurde das Fischerdorf Dranske abgerissen und im heutigen Bestand aufgebaut. Die viergeschossigen Plattenbauten wurden nach 1968 bis 1988 durch das Militär der DDR erbaut. Erst waren Seeflieger und zur DDR-Zeit Schnellboote stationiert. Heute ist der Fremdenverkehr die Haupteinnahmequelle für Dranske.

Dranske verlassen wir über die stark befahrene Straße nach Kuhle, wo wir rechts am Hafen nach Wiek abbiegen und über den Damm auf dem ausgebauten Radweg am Bodden entlang radeln (grüner Balken). Ab Ortseingang **Wiek** ist die Boddenpromenade neu gepflastert. Bänke laden zum Verweilen ein. Wir fahren durch den Ort hindurch, an der Kirche vorbei Richtung Wittower Fähre. An der AOK-Reha-Klinik beginnt wieder der ausgebaute Kreiswanderweg parallel zur Straße. Bei Zürkvitz überqueren wir die Straße und fahren rechts zum Boddenufer. Hier geht der Weg parallel zum Bodden bis zur **Wittower Fähre**. Die Fähre setzt uns zum Mutterland der Insel über.
Ein kurzes Stück radeln wir die Straße entlang, um am Abzweig Vaschvitz nach rechts abzubiegen. Der Weg führt uns entlang dem Ufer durch Vaschvitz durch, an der Hotelanlage vorbei, bis kurz vor Seehof, wo der Feldweg links nach Poggenhof abbiegt. Wenn wir Poggenhof über den asphaltierten Landweg verlassen, kommen wir nach Schaprode, das Ziel unseres dritten Abschnittes.

Am Strand

SCHAPRODE

Bauern- und Fischerdorf mit einem geschützten Hafen an der Westküste. Um 1160 landete hier König Waldemar I. von Dänemark. Fürst Jaromar I. übergab dem Kloster Bergen 1193 einen Ackerhof in „Szabroda". Im 16. Jahrhundert war das Dorf im Besitz der Familie von der Osten. Die Dorfkirche, St. Johannes evangelista, hat einen Chor aus der ersten Hälfte des 13. Jahrhunderts mit halbrunder Apsis und kuppligem Kreuzgratgewölbe. Nach 1450 wurde das Langhaus angebaut. Um 1700 entstand in der Stralsunder Werkstatt von Thomas Phalert der zweigeschossige Altar mit gewundenen Säulen und Knorpelwerk.

Am nördlichen Dorfausgang steht eine Mordwange mit Kreuz und Inschrift. Zwischen Schaprode und den Häfen der Insel Hiddensee besteht am Tage ein ständiger Fährverkehr. Ein Abstecher zur Nachbarinsel lohnt sich auf alle Fälle.

4. Abschnitt: *Schaprode – Ganskevitz – Trent – Abzweig Neuenkirchen – Gingst – Mursewiek – Waase – Suhrendorf – Varbelvitz – Groß Kubitz – Landow – Rothenkirchen – Rambin – Bessin – Altefähr – Rügendamm (65 km)*

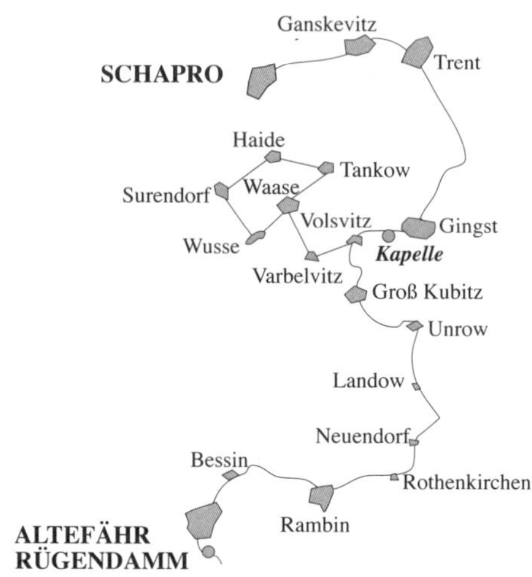

Der letzte Abschnitt unserer Rügenrundfahrt führt von Schaprode über **Granskevitz** und Trent bis zum Abzweig Neuenkirchen direkt auf der Straße entlang. Die stark befahrene Straße sollte vorsichtig befahren werden.

GRANSKEVITZ

Wie eine weiße Burg steht das zu wesentlichen Teilen im 17. Jahrhundert errichtete Herrenhaus von Granskevitz in der Landschaft. 200 Jahre nach seinem Bau wurde es grundlegend umgebaut. Der Treppenturm stammt aus der Renaissance. Das Gut Granskevitz hatte eine bewegte Geschichte, in den 20er Jahren begründete hier Karl von Schultz, ein bekannter Saatzüchter, die Norddeutsche Saatzucht AG, kurz Nordsaat genannt. Seit 1991 ist diese Gesellschaft wieder hier ansässig.

Am Abzweig Neuenkirchen biegen wir rechts nach Grosow ab. Der Betonplattenweg führt direkt nach **Gingst**.

GINGST

In Niederrügen liegt der Marktflecken, aus dessen (Ghynxt) Krug 1232 Fürst Witzlaw I. der Kapelle in Garz eine Rente zuwies. Seit 1503 war es „oppidum“ ohne Stadtrecht. Praepositus Picht organisierte 1779 die Innung der Damastweber, nachdem er 1774 die Leibeigenschaft für den Landbesitz der Kirche aufgehoben hatte.

St. Jakobus ist eine Backsteinhallenkirche mit Chor, um 1300. Das dreischiffige Langhaus wurde 100 Jahre später errichtet, der Turm nach 1450. Die achteckige Haube wurde ihm im 18. Jahrhundert aufgesetzt. Die jetzige Ausgestaltung erfolgte 1963 in Anlehnung an freigelegte Reste der mittelalterlichen und barocken Bemalung. Von etwa 1725 stammt die Inneneinrichtung. Der Altar von 1776 zeigt schon klassizistische Formen. Die Orgel, fast noch im Originalzustand, schuf Christian Kind aus Stralsund 1790.

Heute finden wir in Gingst die Historischen Handwerksstuben, ein Museum über klassisches Handwerk auf der Insel Rügen.

Im Zentrum, am Markt des Ortes, biegen wir rechts ab und radeln aus dem Ort in Richtung Kapelle hinaus. Die asphaltierte Nebenstraße bringt uns über Volsvitz nach Varbelvitz, wo wir rechts abbiegen und der Straße durch Mursewiek nach der **Insel Ummanz** folgen. Über die 250 Meter lange Brücke kommen wir direkt im Ort **Waase** an. Durch den Ort folgen wir dem Hinweisschild nach Tankow. Erst Feld- dann Spurplattenweg bringen uns zum nördlichsten Ziel auf Ummanz. Von da führt ein Plattenweg nach Westen in Richtung Haide. Das kleine Örtchen durchfahren wir, um dann die Betonpiste zu verlassen. Auf dem Deich geht unsere Tour bis zum Camp Suhrendorf, um da wieder auf die Straße zurückzukommen. Der Straße folgend, vollenden wir die Runde auf der Insel Ummanz durch den Ort Wusse, um bei Wasse wieder über die Brücke zur Insel Rügen zurückzukehren. Durch Mursewiek und Varbelvitz kommen wir zum Abzweig Groß Kubitz/ Klein Kubitz. Rechts abbiegend, verabschieden wir uns von allen stark befahrenen Straßen und nähern uns den Boddengewässern von Westrügen. Nach dem Ortsausgang Groß Kubitz biegen wir links auf den Landweg nach Lüßvitz/Unrow ab. Rechts wird der Blick zum Kubitzer Bodden frei. Sind wir in Unrow angekommen, folgen wir dem rechts abzweigenden Feldweg nach **Landow**, dicht an der Landower Wedde vorbei.(Vorsicht! Weg ist durch Landtechnik stark ausgefahren!)

LANDOW

Landow ist ein kleiner Ort mit Fachwerkhäusern aus der ersten Hälfte des 19. Jahrhunderts. Der Ort wurde schon 1939 nach Dreschvitz eingemeindet. 1333 wird „Landaue" erstmals genannt. 1532 kamen Kirche und Ort in den Besitz der Familie von der Osten. Chor und Sakristei der Kirche mit Kreuzrippengewölben aus Backstein wurden um 1400 errichtet. Seit der zweiten Hälfte des 15. Jahrhunderts überspannt eine Flachdecke das breite Schiff. Der Westgiebel ist reich mit Blenden gegliedert, auf seinen First hat man 1733 ein Fachwerktürmchen aufgesetzt. Elias Keßler aus Stralsund schuf 1724 den Altar mit korinthischen Säulen und Engelsfiguren. Taufe und Kanzel stammen vom gleichen Meister.

In Landow geht es rechts neben der Kirche über einem Feldweg weiter nach Dußvitz. Durch den Ort kommen wir nach etwa einem Kilometer an die Landstraße nach Rothenkirchen. Dieser asphaltierten Straße folgen wir nach rechts. Hundert Meter nach dem Ortseingangsschild Rothenkirchen geht rechts ein Spurplattenweg nach Drammendorf. Links und rechts des Weges liegen Wiesen und Felder. Vor Drammendorf halten wir uns an der Weggabelung nach links in den Ort hinein und folgen einem kleinen grünen Hinweisschild mit weißem Fahrrad Richtung Altefähr. So ist bald **Rambin** erreicht. Über die Dorfstraße, vorbei an der Kirche, geht es weiter in Richtung Bessin.

RAMBIN

Schon 1246 wurde „Rabyn" genannt. Fürst Witzlaw III. beglich 1319 seine Schulden bei Johann von Kiel aus seinen Gütern, u.a. aus dem Gasthof von Rambin. Es war Mittelpunkt seines Bezirks und hatte auch einen Burgwall. Im 14. Jahrhundert teilten sich mehrere Besitzer in den Ort: der Herzog von Pommern, das Kloster St. Jürgen vor Rambin, Hans zu Rambin und das Pastorat. Um 1300 entstand der kreuzrippengewölbte Chor der Backsteinkirche, das Schiff kam erst in der zweiten Hälfte des 14. Jahrhunderts dazu, das um 1700 Holztonnengewölbe erhielt. Über dem Westgiebel erhebt sich ein viereckiges Dachtürmchen mit achteckigem Helm. Der Altar und die Kanzel stammen von 1738.

Rechts begleitet uns der Blick zum Bodden und links sind bereits die Spitzen der Kirchtürme von Stralsund durch die Bäume zu erkennen. Wenn wir den Ort Breesen passiert haben, kommt nach etwa 500 Metern ein Abzweig nach rechts, Fuchsberg/Aussicht. Am Aussichtspunkt angekommen, bietet sich uns ein herrlicher Blick über den Kubitzer Bodden, entlang der Grenze des Nationalparks Vorpommersche Boddenlandschaft. Zurück zum eigentlichen Rundweg fahren wir rechts weiter nach **Bessin**.

NATIONALPARK VORPOMMERSCHE BODDENLANDSCHAFT

Der Nationalpark wurde erst am 12. September 1990 auf Beschluss der letzten DDR-Regierung geschaffen. In ihm steht einer Landfläche von 118 Quadratkilometern eine Wasserfläche von 687 Quadratkilometern gegenüber. Es gehören außer der Insel Hiddensee, der südlichen Halbinsel Bug und der größte Teil der rügenschen Westküste, die benachbarten Halbinseln Darß und Zingst, das Fischland sowie die dazwischen liegenden Boddengewässer dazu. Die typische südbaltische Küstenlandschaft zeigt alle Formen der natürlichen Küstendynamik einer Ausgleichsküste. Die meist offene Landschaft besteht vorwiegend aus Salzwiesen, Röhricht, Magerrasen und Heide. Teil des außerordentlich wichtigen Brut-, Rast- und Überwinterungsgebietes für u.a. zehn Seeadlerpaare, 40.000 Kraniche und 70.000 Enten und Gänse sind mehrere Feuchtgebiete von internationaler Bedeutung. Hier ergeben sich außergewöhnliche Beobachtungsmöglichkeiten für Besucher, die die Angebote des Nationalparkes für organisierte und geführte Wanderungen in den verschiedenen Gebieten nutzen.

BESSIN

Das Örtchen Bessin, nahe dem Strelasund, besteht aus einigen wenigen Häusern und einer Kapelle. Dieser kleine achteckige gestreckte Backsteinbau entstand in den Jahren unmittelbar vor 1482 und war eine Stiftung des damaligen Stralsunder Bürgermeisters Matthias Darne. Abgesehen vom Glockenerker, einer Zutat des 17. Jahrhunderts, blieb die Kapelle in ihrem Äußeren seit der Erbauung unverändert. Der Stralsunder Michel Müller schuf den barocken Kanzelaltar. Zum wohl ursprünglichsten Bestand der Kapelle gehört die ebenfalls im 15. Jahrhundert entstandene kleine Bronzeglocke.

Kurz vor Bessin folgen wir dem Wegweiser Richtung Altefähr nach rechts über die Wiese bis zur Unter-Bake, einem Seezeichen, das zur Ansteuerung Stralsund gehört. Hier endet der Spurplattenweg und beginnt der ausgebaute Rügen-Radrundweg bis **Altefähr** hinein. Entlang dem Ufer des Strelasunds ist die Silhouette der Stadt auf dem Festland sehr gut zu sehen. Kurz vor Altefähr, am Camp geht der Weg nach Osten und kommt am Weg nach Barnkevitz in den Ort. Nach rechts fahren wir auf einer Pflasterstraße durch den Ort.

Silhouette von Stralsund

ALTEFÄHR

Das Dorf zieht sich vom Strelasund in einer Uferschlucht (Liete) empor. Schon im 13. Jahrhundert war Altefähr Anlegeplatz einer Fähre nach Stralsund. 1240 verlieh Fürst Witzlaw I. von Rügen der Stadt Stralsund die Feldmark von Altefähr. Das Dorf war vom 15. bis 17. Jahrhundert stadtstralsundisch. Seit 1805 besteht eine regelmäßige Fährverbindung zwischen Stralsund und Rügen. Durch den Bau des Rügendamms verlor Altefähr seine Bedeutung als Verkehrsort und entwickelte sich zu einem Seebad. Die Dorfkirche „Nicolaus von der Vhere" wurde 1353 genannt. Der heutige Backsteinbau stammt aus der zweiten Hälfte des 15. Jahrhunderts, sein Turm erhielt 1692 ein Fachwerkobergeschoss mit achtseitigem Helm. Der Altar stammt aus der Werkstatt von Michel Müller aus Stralsund.

Für eine letzte Rast auf Rügen bietet sich der ruhig gelegene Hafen von Altefähr an. Unsere Rundfahrt endet, wenn wir Altefähr verlassen und an der B 96 rechts zum Rügendamm abbiegen.

Die Informationsstellen Rügens

Mönchgut

- **Kurverwaltung Baabe:**
  F.-Worm-Str. 1, 18586 Ostseebad Baabe, Tel. (0 38 30) 14 20 · Fax 1 42 99
- **Kurverwaltung Gager/Groß Zicker:**
  Zum Höft 15 A, 18586 Gager, Tel. (03 83 03) 82 10 · Fax 82 10
- **Kurverwaltung Göhren:**
  Poststr. 9, 18586 Ostseebad Göhren, Tel. (03 83 08) 6 67 90 · Fax 66 79 32
- **Kurverwaltung Middelhagen:**
  Dorfstr. 4, 18586 Midelhagen, Tel. (03 83 08) 21 53 · Fax 21 54
- **Kurverwaltung Thiessow:**
  Hauptstr. 36, 18586 Ostseebad Thiessow, Tel. (03 83 08) 82 80 · Fax 3 01 91

Granitz

- **Kurverwaltung Binz:**
  H.-Heine-Str. 7, 18609 Ostseebad Binz, Tel. (03 83 93) 14 81 48 · Fax 14 81 45
- **Kurverwaltung Sellin:**
  Warmbadstr. 4, 18586 Ostseebad Sellin, Tel. (03 83 03) 16 11 · Fax 2 05
- **Tourist-Info Lancken-Granitz:**
  Dorfstr. 8, 18586 Lancken-Granitz (Mo, Mi, Sa), Tel./Fax (03 83 03) 8 72 15

Jasmund

- **Tourist-Service Stadt Sassnitz:**
  RügenGalerie 27, 18546 Sassnitz, Tel. (03 83 92) 64 90 / 6 49 20
- **Fremdenverkehrsbüro Sassnitz:**
  Seestr. 1, 18546 Sassnitz, Tel. (03 83 92) 51 60 · Fax 5 16 16
- **Tourismusbüro Glowe:**
  Hauptstr. 37, 18551 Glowe, Tel. (03 83 02) 52 21 · Fax 52 52

Wittow

- **Informationsamt Breege/Juliusruh:**
  Wittower Str. 5, 18556 Seebad Breege/Juliusruh, Tel. (03 83 91) 3 11 ·Fax 3 11
- **Tourist Service Wittow:**
  Ringstr., 18556 Seebad Breege/Juliusruh, Tel. (03 83 91) 1 30 50 · Fax 1 30 52
- **Informationsamt Kap Arkona:**
  Am Parkplatz, 18556 Putgarten, Tel. (03 83 91) 41 90 · Fax 4 19 17
- **Tourist-Information Dranske:**
  K.-Liebknecht-Str. 41, 18556 Dranske, Tel. (03 83 91) 87 30 · Fax 81 27

Nordwest-Rügen/Ummanz

- **Ummanz-Information:**
  Neue Str. 63, 18569 Waase, Tel. (03 83 05) 5 34 81 · Fax 5 34 83

Süd-Rügen

- **Tourist Service Rügen:**
  Hauptstr. 18, 18573 Rambin, Tel. (03 83 06) 61 60 · Fax 6 16 66
- **Rügen-Besucher-Service:**
  August-Bebel-Str. 1, 18581 Putbus, Tel. (03 83 01) 6 05 13 · Fax 6 13 95
- **Putbus-Information:**
  Alleestr. 5, 18581 Putbus, Tel. (03 83 01) 4 31 · Fax 6 14 32
- **Touristische Information Garz**
  Lindenstr. 4, 18574 Garz, Tel. (03 83 04) 1 21 07 · Fax 8 60 90

Bergen

- **Tourismusverband Rügen e. V.:**
  Markt 4, 18528 Bergen/Rügen, Tel. (0 38 38) 8 07 70 · Fax 25 44 40
- **Touristen-Information:**
  Markt 23, 18528 Bergen/Rügen, Tel. (0 38 38) 25 60 95 · Fax 25 60 96

Museen, Ausstellungen u. a.
(Auswahl)

Bergen:	Ernst-Moritz-Arndt-Turm	Tel. (0 38 38) 81 12 06
	Stadtmuseum	Tel. (0 38 38) 25 22 26
Binz:	Jagdschloss Granitz	Tel. (03 83 93) 22 63
	Historisches Binz-Museum	Tel. (03 83 93) 5 02 22
Dranske:	Marinehistorisches Museum	Tel. (03 83 91) 87 30
Garz:	Ernst-Moritz-Arndt-Museum	Tel. (03 83 04) 1 22 12
Gingst:	Historische Handwerkerstuben	Tel. (03 83 05) 3 04
Glowe:	Seenotrettungsstation (wechselnde Ausstellung)	Tel. (03 83 02) 7 18 52
Göhren:	Mönchguter Museen Heimatmuseum, Museumshof Rookhus, Museumsschiff Luise	Tel. (03 83 08) 21 75

Groß Schoritz:	Ernst-Moritz-Arndt-Geburtshaus	Tel. (03 83 04) 5 15
Gummanz:	Kreidemuseum	Tel. (03 83 02) 3 50 11
Middelhagen:	Schulmuseum	Tel. (03 83 08) 21 53
Prora:	Technik- und Eisenbahnmuseum	Tel. (03 83 93) 23 66
	NVA-Museum, KdF-Museum	Tel. (03 83 93) 3 26 96
	Museum zum Anfassen, Historisches Prora-Museum	Tel. (03 83 93) 3 26 40
Putbus:	Puppen- und Spielzeug-Museum	Tel. (03 83 01) 6 20 64
	Uhren- und Musikgeräte-Museum	Tel. (03 83 01) 6 09 88
Putgarten:	Flächendenkmal Kap Arkona	Tel. (03 83 91) 1 21 15
Sagard:	Box-Sport-Museum	Tel. (03 83 02) 34 58
Sassnitz:	Fischerei- und Hafenmuseum	Tel. (03 83 92) 5 78 46
	Museum für Unterwasserarchäologie	Tel. (03 83 93) 3 23 00
Zirkow:	Museumshof	Tel. (03 83 93) 3 28 24

(Öffnungszeiten siehe kostenloser Museumsführer Rügen und Stralsund)

Literatur und Karten

Brockhaus Reisehandbuch Ostsee, Leipzig 1974
Brockhaus Wanderheft Die Bäderküste Rügens, Leipzig 1976

Pommern, Wegweiser durch ein unvergessenes Land, Bechtermünz Verlag
Pommern, Lexikon,Geographie-Geschichte-Kultur, Bechtermünz Verlag
Kunstführer durch die DDR, Urania Verlag

Rad- und Wanderkarten Wittow Kap Arkona, Verlag ***„grünes herz“***, 1:30000
Rad- und Wanderkarte Halbinsel Jasmund, Verlag ***„grünes herz“***, 1:30000
Rad- und Wanderkarte Mönchgut Granitz, Verlag ***„grünes herz“***, 1:3000
Fahrradkarte „Rügen“, Verlag ***„grünes herz“***, 1:75000

Freizeitkarte „Rügen“, Verlag ***„grünes herz“***, 1:100000
Fahrrad- und Nahverkehrskarte Insel Rügen
Kompass Wanderkarte Rügen, 1: 50000

Ferienkarte Rügen, ***„grünes herz“***
Ortspläne Rügen, ***„grünes herz“***